U0651191

共同富裕目标下的农民工高质量就业问题研究

——以河北冀联模式为例

饶　静　吴晓军　樊雅丽　著

中国农业出版社

北京

图书在版编目（CIP）数据

共同富裕目标下的农民工高质量就业问题研究：以河北冀联模式为例 / 饶静，吴晓军，樊雅丽著 . —北京：中国农业出版社，2023.11
ISBN 978-7-109-31167-1

Ⅰ．①共…　Ⅱ．①饶…　②吴…　③樊…　Ⅲ．①民工—劳动就业—质量—研究—河北　Ⅳ．①D669.2

中国国家版本馆 CIP 数据核字（2023）第 202660 号

共同富裕目标下的农民工高质量就业问题研究——以河北冀联模式为例
GONGTONG FUYU MUBIAO XIA DE NONGMINGONG GAO ZHILIANG
JIUYE WENTI YANJIU——YI HEBEI JILIAN MOSHI WEILI

中国农业出版社出版
地址：北京市朝阳区麦子店街 18 号楼
邮编：100125
责任编辑：王庆宁　文字编辑：黄　曦　李　梅　吕　睿　刘昊阳　赵世元　李海锋
版式设计：王　晨　责任校对：吴丽婷
印刷：北京大汉方圆数字文化传媒有限公司
版次：2023 年 11 月第 1 版
印次：2023 年 11 月北京第 1 次印刷
发行：新华书店北京发行所
开本：787mm×1092mm　1/16
印张：11.25
字数：190 千字
定价：68.00 元

关于新阶段乡村人口高质量转移就业的思考

尹成杰

党的二十大报告提出，推进以人为核心的新型城镇化，加快农业转移人口市民化。改革开放以来，特别是党的十八大以来，乡村人口向城镇大规模转移迁徙，是我国新型城镇化加快发展的重要标志。数以亿计的农民工成为乡村人口向城镇转移的主体。乡村人口向城镇转移迁徙，不仅使广大农民解放了思想、增长了本领、增加了收入、转变了身份，而且促进了乡村振兴、新型城镇化和城乡融合发展，为国民经济和社会发展作出了重要贡献。特别是党的十八大以来，我国以农民工为主体的乡村人口转移发生重大变化，进入一个乡村人口向城镇转移就业高质量发展的新阶段。

一、我国乡村人口转移就业的发展历程

乡村转移进城人口是改革开放后城镇的新群体，是国家现代化建设和发展的生力军。改革开放以来，乡村转移人口从无到有，从少到多，从盲目流动到有序转移，从农民工变为新市民，已成为我国产业工人的主体，为乡村振兴和国家现代化建设作出了重要贡献。乡村人口转移进城经历了以下五个阶段。

（一）我国乡村人口转移限制逐步放开、鼓励转移进城的阶段（1983—1991 年）

1983 年，中共中央发布了关于"三农"工作的第二个 1 号文件，文件首次提出，要实行集约经营，把大量的富余劳动力，转到多种经营的广阔天地中去，允许农村集体和农民个人从事长途贩运。这实际上是放开乡村人口转移限制的政策雏形。1984 年中央 1 号文件指出，越来越多的人脱离耕地经营，这是

一个必然的历史性进步。这是对乡村人口流动转移的最初肯定，也是农民工开始形成的标志。此后，中央一直鼓励农村富余劳动力进城开店设坊，兴办服务业，提供各种劳务，"民工潮"开始涌动。但是，由于此时城市发展滞后，并未形成稳定的、规模化的、充足的就业需求，也未形成规范化、信息化的用工招工机制，大批农民工只能盲目寻找就业机会。一些农民工或长时间滞留城市不能就业，或奔波在城乡之间和城城之间，存在很大的不稳定性和不确定性。为改变这种状况，1990 年国务院下发了《国务院关于做好劳动就业工作的通知》，要求对农村富余劳动力，要引导他们离土不离乡，办好乡镇企业，防止出现大量农村劳动力盲目进城找活干的局面。同时提出，要建立临时务工许可证和就业登记制度，加强对单位用工的监督检查。在这一历史时期，国家逐步放开了对乡村人口转移的限制，允许并鼓励农民转移进城，推动了我国乡镇企业的异军突起。

（二）我国乡村人口转移数量增加、支持扩大就业阶段（1992—1996 年）

1991 年后，乡村转移人口数量逐年增加，一部分就地就近择业，促进乡镇企业迅速发展；一部分继续向中小城镇和发达地区城市转移。1993 年，劳动部下发了《劳动部关于建立社会主义市场经济体制时期劳动体制改革总体设想》，提出加强城乡劳动力统筹，通过就业服务机构及时传递城乡劳动力供求信息，减少流动的盲目性，逐步实现城乡劳动力流动有序化。该文件明确指出，要设立就业服务机构，帮助乡村转移人口择业。这既是乡村转移人口规范化管理的开始，也是鼓励支持乡村人口转移就业的政策导向。1994 年，劳动部又发布了《农村劳动力跨省流动就业管理暂行规定》，促进了乡村富余劳动力跨省、跨地区有序流动，为乡村富余劳动力异地就业开辟了正规渠道。这一时期主要是支持大量增加的乡村转移人口进城就业，加强规范化管理，促进有序转移就业。

（三）我国乡村人口有序转移增强、强化稳定就业阶段（1997—2002 年）

1997 年，国务院颁发了《小城镇户籍管理制度改革试点方案》，提出允许已经在小城镇就业、居住并符合一定条件的农村人口在小城镇办理城镇常住户口。这是我国户籍制度逐步放开的雏形。1997 年，国务院又颁发了《关于进一步做好组织民工有序流动工作的意见》，强调建立健全劳动力市场规则，通过加强法律、行政、社会舆论监督等手段强化市场监管。此后，中共中央、国务院以及原劳动保障部、原国家计委等又连续发布关于农村劳动力有序流动的相关政策文件。文件明确要求，取消对农民工进城就业的不合理限制，改革城镇户籍制度，积极开展面向城镇迁入人口的各类社会服务，高度重视为迁入人口提供就业、创业、生活等方面的条件，促进农村富余劳动力向非农产业转移就业。2002年10月，党的十六大报告指出："农村富余劳动力向非农产业和城镇转移，是工业化和现代化的必然趋势""消除不利于城镇化的体制和政策障碍，引导农村劳动力合理有序流动"。这一阶段，随着乡村转移人口规范化管理体系逐步建立，市场经济体制逐步健全，乡村转移人口规模扩大，就业稳定性增强。据有关统计资料，1993年至1998年，农民工总数为6 000万~7 000万人，约占农村劳动力总数的1/7。1998年后，农民工数量每年递增约500万人，2002年达到9 400万人。这一时期，乡村人口向城镇转移就业发生深刻变化，有序性增强、就业率提高。但是，由于城乡二元结构体制的影响，乡村转移进城人口分享所在城镇的公共品供给和社会保障等问题仍没有从根本上得到解决。

(四) 我国乡村人口转移保障工资收入、维护合法权益阶段（2003—2011年）

2003年国务院办公厅下发了《关于做好农民进城务工就业管理和服务工作的通知》，要求切实解决拖欠和克扣农民工工资问题，改善农民工的生产生活条件，高度重视农民工的生产安全和职业病防治问题，多渠道安排农民工子女就学。这是我国首次就保障农民工合法权益颁发文件，乡村转移进城人口的社会地位明显提高。2004年中央1号文件明确要求，进一步保障进城就业农民的合法权益；进一步清理和取消针对农民进城就业的歧视性规定和不合理收费；进一步把农民工子女教育、劳动保障和其他服务及管理纳入正常的财政预算。2006年，国务院又颁发了《关于解决农民工问题的若干意见》，提出要深化户籍管理制度改革，中小城市和小城镇要放宽农民工落户条件，大城市要对农民工中的劳动模范、先进工作者和高级技工、技师以及其他有突出贡献者，优先准予落户。2007年，全国已有12个省（自治区、直辖市）相继取消农业和非农业户口的划分。这既是我国户籍制度改革迈出的重要一步，也是乡村转移进城人口能够有较大数量成为新市民的开始。从2004年到2010年的中央1号文件，都对乡村转移进城人口的权益保障、户籍改革以及改善工资待遇等制定了相关政策规定，有力维护了乡村转移进城人口合法权益。

(五) 我国乡村人口转移权益平等、促进新市民化阶段（2012年至今）

党的十八大以来，乡村转移进城人口市民化政策体系和工作机制不断建立健全，推动落实积极的就业政策，大力促进转移人口市民化。2014 年，中共中央、国务院下发了《国家新型城镇化规划（2014—2020 年）》（以下简称《规划》）。《规划》的出台，标志着我国新型城镇化加快推进，明确了乡村转移人口市民化的任务和时间表，提出到 2020 年常住人口城镇化率达到 60%左右，户籍人口城镇化率达到 45%左右，努力实现 1 亿农业转移人口和其他常住人口在城镇落户。同时，2014 年国务院又下发了《国务院关于进一步推进户籍制度改革的意见》和《国务院关于进一步做好为农民工服务工作的意见》，强调全面放开建制镇和小城市落户限制，有序放开中等城市落户限制，合理确定大城市落户条件。这是我国新一轮户籍制度改革大幕的开启，有力推进了户籍制度改革的继续深化。2016 年文化部提出，要做好丰富农民工精神文化生活，促进农民工平等享受城镇基本公共文化服务的工作。这标志着乡村转移人口不仅在收入待遇上要得到保障，在享受文化服务等领域也要得到保障。此后，国务院又连续下发文件，开展保障农民工工资支付工作的考核行动，农民工工资保障体系更加健全。党的十八大以来下发的中央 1 号文件又进一步强化、细化了对乡村转移进城人口的权益保障和公共服务，有力推动了乡村转移进城人口的市民化进程。

党的十八大以来，我国乡村转移人口市民化工作取得了重要的新进展和新成就。乡村转移人口进入新市民化重要阶段，成了真正意义上的新市民。乡村转移进城人口合法权益得到有力保障。关爱服务体系进一步完善，农村留守儿童、留守妇女和留守老人关爱保护工作不断加强。民主政治权益保障和人文关怀不断强化。深化基本公共服务制度改革，服务体系不断健全。深化户籍制度改革，农民工进城落户渠道更加畅通。据统计，2012 年农民工总量为 2.63 亿人，2017 年达到 2.87 亿人，2021 年为 2.93 亿人。全国 31 个省（自治区、直辖市）均出台了户籍制度改革实施意见，普遍放宽了农民工进城落户条件。我国户籍人口城镇化率从 2012 年的 35.3%增长到 2016 年的 41.2%，2021 年继续增长到 46.7%。目前，中西部地区除省会（首府）城市外，基本实现了城镇落户零门槛。"十四五"期间，我国将大力推进乡村转移进城人口市民化，不断增强人民群众的获得感、幸福感、安全感。

二、新阶段我国乡村人口数量和结构特点

乡村人口、乡村劳动力数量及就业变化，历来是农业农村变化的重要体

现，新阶段我国乡村人口数量和结构主要有以下特点。

（一）我国乡村转移进城人口市民化数量逐年增加

目前，我国有 2.93 亿农民工和乡村进城人口在城镇常住。2013—2017 年，有 8 000 万乡村进城人口在城镇定居落户，到 2020 年末，我国已解决 1 亿左右农民工和其他常住人口在城镇定居落户。对新市民与原市民实行同城同权，是我国乡村进城人口市民化的重要政策导向，这项政策正逐步健全完善。

（二）我国乡村人口和农业劳动力呈快速减少态势

2021 年末，我国乡村人口数量跌破 5 亿大关，为 4.98 亿人，占全国总人口的 35.3%，比上年减少 1 657 万人。2022 年，我国乡村常住人口 4.91 亿人，较 2021 年减少 731 万人。我国农业劳动力亦呈快速减少趋势，从劳动力数量来看，2015—2020 年我国第一产业从业人员以年均 3.72% 的速度减少。

（三）我国人户分离人口呈快速增加态势

我国 2020 年人户分离人口为 4.93 亿人。2021 年，我国人户分离人口为 5.04 亿人，比 2020 年增加了 1 153 万人。其中 2020 年流动人口（指超出市辖区外的人户分离，含跨省流动人口）为 3.76 亿人，2021 年流动人口为 3.85 亿人，比 2020 年增加了 885 万人。

（四）我国农民工总数呈不断增加态势

目前，第一代农民工多数已退出工作一线，有的返乡养老，有的在城镇养老。2019 年的统计数据中，二代农民工占农民工总量的 50.6%，现在比例要更高。同第一代农民工相比，他们的受教育水平和综合素质都有很大提高。2021 年末，全国农民工为 2.93 亿人，比上年增 2.4%。其中外出农民工 1.72 亿人，比上年增长 1.3%；本地农民工 1.21 亿人，比上年增长 4.1%。

（五）我国乡村人口结构逐步发生改变

总的来看，首先乡村人口老龄化在加快，并且老龄人口比例高于城市老龄人口比例。其次，15～59 岁的人口明显减少。国家统计局发布的第七次全国人口普查结果显示，2020 我国各年龄段人口数量及在总人口中的比例为：0～14 岁人口为 2.5 亿，占 17.95%；15～59 岁人口为 8.9 亿人，占 63.35%；60 岁及以上人口为 2.6 亿人，占 18.70%。与 2010 年相比，0～14 岁人口的占比上升了 1.35 个百分点，15～59 岁人口的占比下降 6.79 个百分点，60 岁及以上人口的占比上升 5.44 个百分点。根据国家统计局 2023 年发布的信息，2022 年全国人口有 14.12 亿人，比 2021 年减少 85 万人，近 61 年来首次负增长。2022 年，我国 16～59 岁的劳动年龄人口 8.76 亿人，占全国人口的比例为 62.0％，比 2021 年减少了 666 万人。相比 2021 年，60 岁及以上人口增加 1 268 万人，增加 0.9 个百分点，老龄化程度进一步加深。此外，人口受教育水平和文化素质稳步提升。国家统计局发布的信息显示，2020 年，高中及以上文化程度人口达到 4.3 亿人，占全国人口的比例为 30.6％，比 2010 年增加 1.2 亿人，占比提高 7.6 个百分点。其中，大专及以上文化程度的人口为 2.2 亿人，占全国人口的比例为 15.5％，比 2010 年增加 9 872 万人，占比提高 6.5 个百分点。16～59 岁劳动年龄人口平均受教育年限达到 10.8 年，比 2010 年提高 1.1 年。

三、乡村人口大量转移的基本动因和有利条件

目前，我国乡村人口大量转移进城，是新阶段我国国力增强、经济高质量发展、城乡融合发展加快、农民收入和生活水平提高的综合体现。脱贫攻坚取得全面胜利、全面建成小康社会、全面推进乡村振兴以及加快推进新型城镇化、推动共同富裕，为乡村人口转移进城提供了巨大动力。基本动因主要如下。

（一）因教转移

优质的教育资源配置与乡村人口转移进城密切相关。与乡村比较而言，一般城镇具有较优质的教育资源，中小学教育质量优于乡村。为子女选择优质教育资源已成为后小康时代家庭收入逐年增加、生活水平明显改善的乡村人口的重要发展目标。乡村人口由注重生计向更加注重发展转变；由注重一般性的生活需求向更加注重美好生活的需求转变；由注重自身发展向更加注重子女教育发展转变。因此，多数乡村人口为了让子女获得良好教育，把子女送进城镇、县城读小学或中学，家长进城边陪读，边就业。这是目前大量乡村人口转移进入城镇特别是县城的主要动因。

（二）因业转移

转移就业创业始终是农民工进城的初心，是农民工进城生存和发展的不改初衷。值得注意的是，我国新发展阶段下城乡融合发展和一二三产业融合，进一步为农民工进城就业创业畅通了渠道、搭建了平台、拓宽了领域。这既

提高了农民工进城就业创业的质量和效率，又为农民工进城就业创业注入了新的动力和活力。因此，大量乡村人口因为进城就业创业而转移。全国乡村转移进城的 2.96 亿农民工，分布在大中小城市等地就业创业。近几年，农民工转移人数增幅虽然有所回落，但总量仍然保持增长态势，转移的多为素质较高的第二代农民工。

（三）因养转移

相当一部分乡村老龄人口进城投奔子女养老，兼顾自家家政，很多老年人进城帮助子女照看小孩、料理家务。进城投奔子女养老的乡村老龄人口，仍然享有土地承包经营权、宅基地使用权和集体收益分配权，享受农村养老保险和医疗保险，是一种人户分离的居家养老模式。这部分转移的乡村老龄人口数量不少，他们实现了异地居家养老并发挥自理家政服务的作用。

（四）因富转移

2021 年农村居民可支配收入人均 1.89 万元，收入增幅高于城市居民收入增幅，城乡居民收入倍差缩小到 2.5：1。2022 年 5 月，中宣部发布消息，我国中等收入群体规模超过 4 亿人，居民人均可支配收入 10 年增长近八成。一部分已经富裕起来的乡村人口进城就业创业能力明显提高，有的进城开店经营；有的入企就业；有的开始追享城市生活，进城买房购车。这部分转移进城的乡村人口是城市经济，特别是县城经济发展的新动力，是发展民营企业的新要素。

（五）因医转移

虽然目前乡村人口就医用药情况有很大改善，但城乡医疗水平仍然有较大差距。目前，乡村人口的健康意识明显增强，就业和康养需求日益增加。越来越多的乡村人口把选择优质医疗资源作为选择居住地的重要条件。因此，一部分乡村人口开始向医疗条件好、有获得医保资质的医院、就医方便的城镇转移。

以上五点是乡村人口大量转移进城的内在动因。如前所述，近些年来，推进新型城镇化和实施乡村振兴战略，加之脱贫攻坚取得全面胜利和农村农民同步进入小康社会，以及农业农村现代化建设的加强，为乡村人口转移进城创造了前所未有的机遇和条件。

一是大部分土地承包者并不直接从事农业经营，有些新型经营主体并不是土地承包者。大量土地承包者已经从经营者身份淡出。一些地方实行订单农业、半托半管或全托全管农业，由专业化的生产性社会化服务组织或农业产业化龙头企业托管经营，提高了农业经营质量和效率。有的承包者只是从事部分管理工作。

二是农业新型经营主体托管小农户经营进展加快，既促进小农户与现代农业的衔接，又为小农户节约大量劳动时间，为其进城创造条件。农村种养大户、家庭农场、农民合作社、股份合作经济和社会化服务组织发展迅速。全国有家庭农场 388.9 万个，农民合作社 224.7 万家，社会化服务主体 90 多万个。

三是农业机械化、数字化水平提高，替代了一些环节中的人工作业，进一步增加了乡村富余劳动力和剩余劳动时间。机播、机收率大幅提高，形成了大量农业富余劳动力和农业剩余劳动时间。目前全国农业耕种收综合机械化率已达到 72%，小麦、玉米、水稻三大粮食作物耕种收综合机械化率分别超过 97%、90% 和 85%，其中机耕率已到达 86.42%，机播率已达到 60.22%，机收率已达到 64.66%。2022 年全国麦收投入的联合收割机超过 65 万台，参与跨区作业的有 25 万台；秋收投入 200 多万台收割机在作业。由于农业机械化的快速发展，农业播种和收割效率大大提高，麦收由南到北只需 15~20 天。农村数字化电商加快发展，促进了农产品线上销售，节约了农民销售农产品的时间。

四是国家现代交通快速发展。农村现代化交通建设不断发展，"四好"农村路建设取得重大进展，我国农村公路总里程达 438.2 万千米，大大提高了进城效率，为农民进城和开展经营提供了有力支撑。现代交通是联结城乡的纽带，是农民走出村庄的"桥梁"，降低了乡村人口进入城镇的成本。

四、新阶段乡村人口高质量转移就业面临的新形势

随着我国科技创新与进步明显加快，供给侧结构性改革不断深化，生产方式加快转变，经济结构、产业结构和企业结构发生深刻调整，导致新阶段劳动力市场需求与就业发生深刻变化。

（1）社会用工需求多样化。近些年来，我国供给侧结构深度调整优化，多元的经济结构、产业结构和企业结构，以及企业经营新模式新业态，加之日益增长的多样化社会服务消费需求，拓展了用工领域和业态，催生了多样化的社会用工需求。

（2）社会就业形态多元化。深刻变化的经济结构、产业结构和企业结构，成为传统就业形态向新型就业形态加快转变的推动力。一个工时多元、时段多元、工种多元、岗位多元、供职企业多元的就业新格局正在形成。一个农民工成为在不同时段、不同用工主体从事不同形态的就业者屡见不鲜。多元就业农民工群体已经形成。

（3）农民工就业平台多级化。目前，复合型多层级的就业新平台正在逐步替代单一的就业平台。新的就业平台，从小到大、从少到多、从低到高、从域内到域外，形成多层级特征。既有实体企业平台，又有网络平台；既有多种经济成分平台，又有多种岗位业态平台。农民工就业空间维度和岗位可选择性进一步增加。

（4）劳动关系繁复化。多样化的社会用工需求，多元化的就业形态、岗位业态，大大拓展了劳动关系的内涵与外延，远远超过传统的社会用工和企业就业管理的事项范围。这不但增加了农民工同用工主体的利益关系的繁复性，而且增强了改革劳动关系管理及社会用工管理的紧迫性。

随着用工需求的变化，乡村人口高质量转移就业也面临新挑战，主要体现在两个方面。一是有的农民工就业能力与地方社会用工需求不相适应。这主要是一些企业结构调整加快，智能化自动化程度提高，造成用工减少；一些企业转型升级加快，生产和经营环节科技含量提高，对农民工自身素质提出新要求，有些农民工提高适应能力还需要一个过程。二是有些企业社会用工保障条件与农民工就业保障要求不相适应。受市场波动和新冠疫情冲击，有些企业虽然没有裁员，但拖欠工资或降低了用工待遇。

五、促进新阶段乡村人口高质量转移就业的政策建议

"十四五"实现良好开局，构建新发展格局迈出新步伐，高质量发展取得新成效，为农民工稳岗就业创造了有利条件。新阶段农民工就业工作，要以党的二十大精神为指导，以农民工就业需求为导向，加大扶持中小企业发展力度，认真落实和创新农民工就业政策，培育城乡特别是县城就业"蓄水池"，提高劳动管理数字化水平，为新阶段农民工充分就业提供有力保障。

一是加大农民工就业"蓄水池"培育力度。大中城市、县城以及城乡的中小企业，是就业的"蓄水池"。要完善和创新农民工就业"蓄水池"培育政

策，用政策把就业"蓄水池"建大建稳。各类中小企业稳定发展是农民工稳岗就业的基础。要认真落实国务院出台的扶持中小企业排难纾困政策，促进复工复产，尽快恢复生产链和供应链。要加快以县城为重要载体的新型城镇化，强化县城基础设施建设，补短板强弱项，加快县城乡镇产业发展，扩大就业"蓄水池"功能。要支持企业拓展社会用工领域，建立稳定的用工机制。要鼓励发展共享用工，拓展就业渠道，促进灵活就业。要在大中城市培育和创新城乡就业产业平台，培育发展家政服务业、物流配送服务业、养老托幼服务业等产业。要加快构建现代乡村产业体系，大力推进农业产业强镇建设，促进农民工就地就近就业。要搞好农民工返乡入乡创业园建设，提高城乡吸纳就业能力。要搞好农民工技能培训，提高农民工择业就业能力。

二是要把吸纳就业特别是农民工就业作为推进以人为核心的新型城镇化的重要标志和任务。要着力推进以县城为载体的新型城镇化，加大县城基础设施建设力度，加大农业和农村基础设施建设力度，实行以工代赈，扩大农民工就业增收。要充分挖掘和利用"十四五"重大战略实施、建设统一大市场、以县城为重要载体的城镇化、全面推进乡村振兴、实施乡村建设行动等释放的就业需求，将其转化成经济发展和产业成长的动力，转化成扩大社会用工的动力。县域城乡融合和一二三产业融合是扩大就业领域、增加就业岗位的有效途径。要加大两个融合力度，积极拓展用工就业新领域，扩大农民工就业新空间。

三是大力提高劳动管理数字化水平。应用大数据、互联网、云计算，建立现代农民工就业管理体系和机制，设立国家劳动管理数字化中心。大力推进用工主体数字化建设，提升企业用工管理的制度化、科学化水平，增强用工的公平性和公正性。加快企业用工和劳动就业云平台建设。推广应用现代用工和就业模式，促进社会用工管理制度加快向合规化、数字化转型。要强化县域劳动管理数字化、系统化用工就业服务，建立健全县城用工就业云平台和县域就业劳动力市场。建立数字化农民工维权平台，探索建立维护新就业岗位、新就业形态的劳动权益保障机制。

（尹成杰：原农业部党组副书记、副部长）

前 言

FOREWORD

中国作为人口大国，人均耕地只有 1.5 亩[1]，不到世界人均耕地规模的一半。工业生产方式和工业文明的到来使得农村劳动力逐渐向聚集了工业生产方式的城市转移。在中国这样人多地少的国家，农村劳动力具有强烈的向城市迁移的倾向。农村劳动力转移，是世界各国在工业化和城镇化过程中普遍发生的现象。他们一方面由农业就业向非农就业转移，另一方面由农村向城镇转移。在这一过程中，劳动力资源的配置效率得到了提高，人口空间分布的改变也推动着城市化发展。改革开放以来，中国的农村劳动力转移就向我们展示了这一伟大又独特的历史进程。党的十八大以来，党中央、国务院高度重视农民工综合素质提升与就业工作，做出了一系列重要的工作部署，取得了显著的成效，对推动农民工高质量就业起到了重要作用。数字经济和数字生产方式的发展进一步推动了生产关系的变革，农民工的就业内容和就业形式发生了显著变化，农民工越来越多地参与到平台劳动、零工经济等新业态中。这些新的变化对推动农民工高质量就业提出了新的要求。

随着数字经济和平台经济的全面发展，河北冀联人力资源服务集团（以下简称冀联）积极探索适应数字生产方式的农民工就业新模式、新型劳动关系及新时代服务体系。冀联自成立以来，便以服务农民工高质量就业为宗旨，在保证使用农村富余劳动力的企业合法合规的同时全力协调劳资关系，为农民工提供全方位的权益保障服务，并顺应数字经济环境下劳动组织形式的变化，创新地提出了"制度引领＋数字化＋价值型"的企业管理新理念，让用工企业的绩效考核方式由传统的业绩导向型考核逐渐转变为对劳动者素质技

---

[1] 亩为非法定计量单位，1 亩≈666.67 平方米。——编者注

能提升所创造的价值进行评价。以这种理念为引导，冀联在实践中，一方面积极参与"政府引导＋市场运作"的灵活就业市场和数字经济人才市场建设，力争建立以保障劳动者合法权益为根本、与平台用工模式相匹配、确保劳动关系所包含的权利义务能够实现的企业合规用工制度和劳动力统一市场规则；另一方面围绕劳动者素质技能提升，设计企业管理制度和配套体制机制，为经济高质量发展培育具备良好精神素质和专业技能素质的农民工，打造出以全新精神面貌为核心特征的"冀联农民工"综合性劳务品牌。冀联在实践中逐步赢得了"精神面貌好、诚信求进取、主动学技能、遇事能商量"的品牌口碑，在服务农民工就地就近就业和满足县域经营主体高质量用工需求方面发挥了积极作用。

著　者

2023 年 5 月

目 录
CONTENTS

第一章

新发展阶段农民工就业的重要意义

农民工是我国重要的就业群体。做好农民工就业工作，不仅对稳定就业大局至关重要，对促进农民增收、实现经济社会高质量发展、推进共同富裕也具有重要意义。

第一节　农民工就业是共同富裕的必然要求

农民工高质量就业是实现共同富裕目标的必然要求。农民工群体数量庞大，工资性收入占农民工收入的比重大。实现共同富裕更应该注重提高农民工群体的收入，让农民工群体迈进共同富裕的行列。

一、农民工群体数量大，事关政治经济社会发展全局

我国拥有近9亿劳动力人口，7亿多就业人员，4亿多中等收入群体。国家统计局的数据显示，2022年全国农民工总量已超过2.9亿，农民工就业问题不仅关系到个人及其整个家庭的利益，更关系到社会的和谐稳定和共同富裕目标的实现。能否有更多劳动人口或者说就业人员进入中等收入群体行列，直接检验着共同富裕的实现程度。

一方面，从群体规模看，农民工数量巨大。根据国家统计局发布的《2022年农民工监测调查报告》，2022年农民工总量为29 562万人，比上年增加311万人，增长1.1%。由于新冠疫情的冲击，我国近几年农民工总量于2020年出现过短暂的下降，但整体上升的趋势并未逆转，农民工总量一直处于高位运行状态。2022年的2.96亿农民工，占全年全国就业人员总数的40.3%。如果能促使我国这1/3以上的就业人员进入中等收入群体行列，我国中等收入群体比例无疑会得到明显提高。

另一方面，推进农民工实现共同富裕不仅是经济问题，也是关系到党执政基础的重大政治问题。当前，农民工已经成为新时代产业工人的主力军，是全面建设社会主义现代化国家的重要力量。在推动共同富裕过程中重点关注农民工群体，让他们劳有所得乃至劳有厚得，能够实现勤劳致富，进而成为工人阶级坚定可靠的新生力量，对于巩固党执政的阶级基础和群众基础至关重要。

二、农民工就业是农民增收的重要途径

囿于城乡二元结构以及资源禀赋情况，我国农村居民收入水平仍然偏低，城乡收入绝对差距依然较大，城乡相对贫困问题突出。1978—1983 年，我国城乡居民人均可支配收入比例由 2.57：1 下降到 1.82：1。从 1984 年开始，中央加快了以城市为重点的经济体制改革步伐，城市经济体制改革全面展开，城市居民收入快速增长。1984—2007 年，我国城乡居民人均可支配收入比例由 1.84：1 提高到 3.14：1。这一现象受到学界的高度重视，有研究认为，我国可能已经是世界上城乡收入差距最大的国家之一。2008—2022 年，我国城乡居民可支配收入比例不断下降，由 3.11：1 下降到 2.45：1，城乡收入差距不断缩小（图 1-1）。农民工高质量就业将会对提高农村居民收入、缩小城乡居民收入差距以及实现共同富裕产生重要意义。

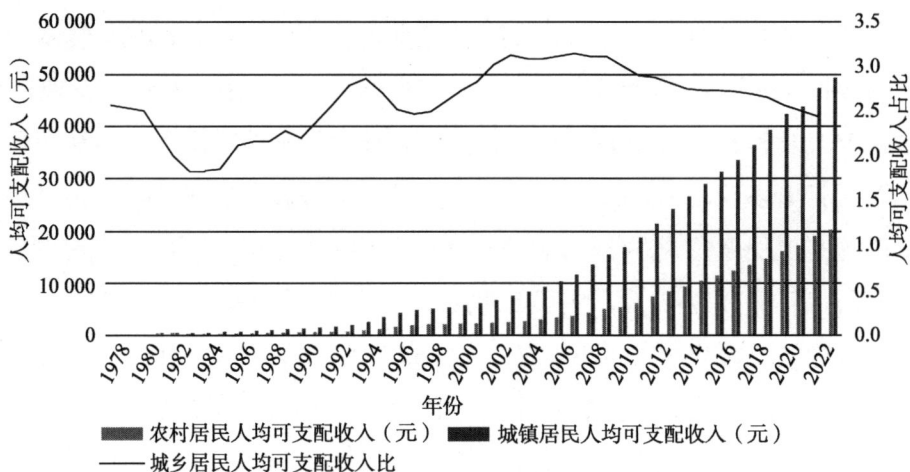

图 1-1　城乡居民人均可支配收入情况

数据来源：国家统计局。

从目前农民收入构成看，工资性收入占农民可支配收入的比例最高，是农民收入增长的主要来源。从以往经验看，农民增收关键要看农民务工收入能否实现稳定增长。我国农民工是一个有着 2.96 亿人口的庞大特殊群体，工资性收入已成为农民收入中占比最大的部分（表1-1）。因此，实现农民工高质量就业对于农民增收与共同富裕至关重要。

表1-1 按收入类型划分的全国农村居民人均可支配收入

单位：元

年份	工资性收入	经营净收入	财产净收入	转移净收入
2013	3 653	3 935	195	1 648
2014	4 152	4 237	222	1 877
2015	4 600	4 504	252	2 066
2016	5 022	4 741	272	2 328
2017	5 498	5 028	303	2 603
2018	5 996	5 358	342	2 920
2019	6 583	5 762	377	3 298
2020	6 974	6 077	419	3 661
2021	7 958	6 566	469	3 937
2022	8 499	6 972	509	4 203

数据来源：国家统计局。

三、农民工就业是扩大中等收入群体工作的重要内容

据研究，我国约 90% 的中等收入者为城市居民（包括流动人口），居住在农村地区的人口占全国人口总数的近 40%，但在全国中等收入群体中的比重不到 10%，这与庞大的农村人口规模极不匹配。而在城市居民中，有将近 1.4 亿外来农民工。他们之所以还被叫作"农民工"，就是因为还没有获得城市户籍，没能彻底融入城市。根据课题组估算，这部分人口中约有 1 亿多还未能进入中等收入群体范围，也最有可能成为中等收入群体。

我国中等收入群体的占比较低。按照先前专家学者提出的中等收入群体倍增计划，在已有 4 亿人中等收入群体的基础上，未来 10~15 年，中等收入群体还要增加 4 亿~5 亿人。农民、农业转移人口、新市民有望成为中等收入群体，占未来 10~15 年新增中等收入群体的 50%。如果这部分群体能成为中等收入群体，则能有效阻断机会不均等的代际传递，部分解决留守儿童等一系列

社会问题。

一方面，我国农民工工资仍然较低。据国家统计局公布的数据，2022 年农民工月均收入为 4 615 元，比上年增长 4.1%。按照国家统计局发布的"三口之家年收入 10 万～50 万元"为中等收入群体的标准，家庭中成年人应该达到平均年收入 5 万元以上、月收入 4 167 元以上才属于中等收入群体。从表面上看，农民工月均收入水平已达到这一标准，但考虑到农民工群体不同程度存在的就业质量低、权益保障差、工作稳定性弱等问题，他们离真正的中等收入群体还有较大差距。这也说明农民工是扩大中等收入群体的重要"储备军"。

另一方面，农民工群体是受新冠疫情冲击最大的群体之一。农民工群体就业的行业主要是制造业、服务业和餐饮业等，这些行业在新冠疫情防控期间受到巨大冲击。从农民工监测数据看，制造业、建筑业、交通运输仓储和邮政业、批发零售业、住宿餐饮业、居民服务和其他服务业的就业人数出现不同程度的减少，具体见表 1－2。

表 1－2　2022 年农民工分产业就业人数减少情况（与 2021 年相比）

项目	制造业	建筑业	交通运输、仓储和邮政业	批发零售业	住宿餐饮业	居民服务和其他服务业
减少人数（万人）	172.96	325.22	8.11	155.88	68.78	66.26
同比降幅（%）	2.18	5.85	0.40	4.40	3.67	1.92

数据来源：国家统计局发布的 2021 年、2022 年《农民工监测调查报告》。

四、农民工就业是促进共同富裕的关键

随着我国进入新发展阶段，中华民族千百年来"民亦劳止，汔可小康"的憧憬已经变为现实，并以此为新的起点，开启了全面建设社会主义现代化国家新征程。共同富裕作为社会主义现代化的一个重要目标更加凸显。推动共同富裕，固然要惠及全体人民，但从现实情况看，应当重点关注一些特殊群体，农民工群体即是重要群体之一。只有基层农民工实现富裕，才能实现真正意义上的共同富裕。第十九届中央财经委员会第十次会议明确提出，要推动更多低收入人群迈入中等收入行列。当前，低收入群体的规模还较大，占全部人口的 60% 以上。从中长期看，能否实现共同富裕，很大程度上取决于低收入群体收入水平的提升幅度，取决于有多少低收入群体能够迈入中等收入行列。

从我国情况看，大部分农民工是最有潜力成为中等收入群体的低收入人群。国家统计局的数据显示，2022 年全国农民工总量为 2.96 亿人，约占总人口的 21%，月均收入 4 615 元。按照夫妇双方均为农民工的三口之家收入标准计算，这样的家庭收入已经比较接近中等收入群体的门槛水平。因此，提升这一部分人群的收入水平，能够直接扩大中等收入群体规模。此外，促进农民工的就业增长和收入增长，还应进一步健全面向农民工的基本公共服务体系，逐步降低教育、医疗卫生、救助帮扶等公共服务的户籍关联度，以减轻农民工群体的生活成本。

第二节　农民工就业是经济社会高质量发展的动力基础

农民工高质量就业是实现我国产业结构升级的重要支撑力量，是优化要素配置的必要保障，也是实现我国经济社会高质量发展的动力基础。

一、农民工就业是市场配置人力要素的最有效形式

《中共中央 国务院关于加快建设全国统一大市场的意见》明确指出，要健全城乡统一的土地和劳动力市场，健全统一规范的人力资源市场体系，促进劳动力、人才跨地区顺畅流动，并做好农业转移人口市民化挂钩政策。

城乡人力资本积累水平存在较大差距，是城乡收入差距形成的重要原因。当前，劳动力和人才的社会性流动渠道尚不畅通，在一定程度上制约了农村人力资本积累和农民收入增长。一般而言，市场化程度高更易于形成城乡统一的劳动力市场。通过促进农村劳动力要素市场化配置，建立起平等竞争、规范有序、城乡统一的劳动力市场、农民工劳动权益保障机制和公共就业创业服务制度，有利于提高农民工资性收入和福利待遇，也有利于促进包括返乡农民工在内的各类人才向农村流动，由此产生的知识扩散效应、企业家创业示范带动效应以及产业投资的知识溢出效应，对改善农村人力资源结构、提高农民创富能力具有重要作用。

二、提升农民工人力资本助推高质量发展

党的十九大报告指出，我国经济正处在转变发展方式、优化经济结构、转换

增长动力的攻关期，加快实现产业升级、实现经济社会高质量发展是亟待完成的重要任务。而农民工群体在我国经济建设和产业升级中扮演重要角色，因此实现经济社会高质量发展需要切实提高农民工人力资本水平。从理论上看，劳动力在三次产业中的分布应与产业结构一致，近似于帕累托最优状态，以实现资源配置效率最优。但实践中常常出现经济结构与就业结构的错配，即增加值占比与吸纳就业占比存在差异，错位幅度越小就越接近帕累托最优状态，差距越大越表明改善的空间大。

党的十九大报告明确提出，将加快建设创新型国家作为贯彻新发展理念的一项重大战略任务。各国发展经验和大量实证研究也表明，必须要依靠技术创新来推动产业升级和经济发展。发达国家可以通过资本、技术优势发展高新技术产业与战略性新兴产业，但中国现阶段很难通过现有比较优势突破发达国家对高新技术的封锁和限制。在习近平新时代中国特色社会主义经济建设的背景下，要想打破发达国家技术垄断、促进产业优化升级，就需要强有力的劳动者大军和创新人才队伍的支撑，使人力资本累积与经济建设协同发展。人力资本作为重要的生产要素，其积累水平的提高有利于促进技术创新与应用、提高要素生产率。劳动者作为人力资本的载体，是技术传承和发展的主体。实现技术引领发展比较优势，就必须要依靠劳动者自身人力资本水平的积累和提高。

三、走中国特色城乡融合与农业农村现代化协调发展道路

根据世界银行标准，2015年中国已进入中等偏上收入国家行列。随之而来的是对中国能否顺利跨过中等收入阶段、完成经济发展方式根本性转变的广泛讨论。自进入21世纪以来，中国经济持续高速发展，发展阶段发生深刻变化，中国已经越过"刘易斯转折点"，发展阶段也由二元经济阶段转为新古典经济阶段。

人口红利的消失伴随着青壮年劳动力供给减少，预估未来中国劳动力总量必然会持续下降，劳动力成本会不断提高。中国在劳动密集型产业中的比较优势渐进丧失。与此同时，技术密集型、资本密集型产业的比较优势尚未建立，难以通过高产业附加值来弥补劳动力成本的不断增加，这种现象被称作"比较优势真空"。历史经验表明，打破这种"困境"，意味着顺利跨越中等收入阶段，如东亚

的日本、韩国等;反之,则可能陷入"中等收入陷阱",如南美的巴西、墨西哥等。推动农民工高质量就业,实质上就是从顶层设计对经济结构进行调整,实现人力资本与经济结构相适应。因此,在人口、经济结构加快转变的形势下,实现农民工高质量就业是实现经济社会高质量发展的重要使命,也是走中国特色城乡融合与农业农村现代化协调发展道路的题中应有之义。

第二章

我国农民工就业发展进程与
农民工群体变动趋势研判

新中国成立初期，农村人口向城市流动较为自由，人口迁移活跃。据统计，1954—1956 年，我国迁移人口达到 7 700 万人。随着 1958 年《中华人民共和国户口登记条例》的出台，农村人口的流动受到了严格控制，各级政府开始采取措施限制农村人口进入城市，甚至使业已进入城市的农村人口返回农村。有数据表明，这段时间，有近 2 000 万已经在城市就业的农村劳动力被遣返回农村原籍。此后，我国的城乡二元体制进一步固化，农村人口在城乡之间和地区之间的自由流动陷于停滞。直至改革开放，农村劳动力的自由流动才逐步恢复并日益趋于活跃。随着户籍制度松动，地区之间、城乡之间和城市内部劳动力市场开始相互作用，逐步走向融合。这种相互作用反过来又对宏观经济和就业产生影响，从而诱发政策调整，对农村劳动力流动施加影响。受政策导向和侧重点在不同阶段变化的影响，农村劳动力转移就业也具有明显的阶段性特点。具体而言，政策改革大致经历了限制流动、允许流动、控制盲目流动、规范流动、鼓励流动、推动融入等几个阶段。

第一节　农民工是中国劳动者发展的独特形态

一、劳动者从奴隶到人民的发展过程

劳动是人区别于动物的本质性活动，也是人得以为人并生存和发展的内在根据。劳动者在劳动中创造了文明，创造了历史。劳动者总体的生产方式构成人类文明的经济基础。人类历史经历了采集渔猎生产方式阶段、农业生产方式阶段、工业生产方式阶段，现在正在步入数字生产方式阶段。与之对应，人类

的文明形态也经历了采集渔猎文明、农业文明、工业文明，现在正在进入数字文明。

人类在脱离原始动物状态之后，一直靠采集植物和渔猎动物为生。从大自然中采集已有的植物果实或者猎杀捕食能够食用的动物，是人类当时主要的生存手段。采集渔猎文明大体上处于原始社会阶段，面对恶劣的生存环境和大型动物的威胁，人类必须联合起来，提高生存能力，氏族公社成了当时主要的生产组织。在公社中，所有成员都参与劳动，都是劳动者，但每个人都有不同的分工。男人狩猎、女人采集是最基本的分工形式。

大约一万年前，人类历史上的第一次革命——农业革命，使人类逐渐进入农业文明时代。人们对采集渔猎时代的植物和动物进行了驯化，开始种植植物、饲养动物，经过驯化的植物成了农作物，动物成了家禽或家畜，迁徙的采集渔猎生活转变为具有相对稳定居所的固定农业生活。农业革命大大加快了人类发展的速度。

定居的生活方式和产品数量的增加促进了人口的迅速增加，人口增加使得不同群体为争夺生存资源而不断斗争，在斗争中产生了不同族群之间的交流、分化和产权观念。一开始的种群斗争直接争夺自然产品或者土地资源，战败的一方直接被杀死甚至吃掉。随后，战败的一方不用被杀死或者吃掉，而是像动物一样被留下生命，成为战俘，替赢的一方进行生产。随着生产率的提高，胜利一方的劳动产品不仅可以养活自己，还可以有一部分剩余，奴隶便随之产生了。奴隶成为劳动者的阶段性存在形态，人类进入奴隶制社会。

奴隶——不仅没有生产资料的所有权，也丧失了人身自由，他们的劳动力归他们的奴隶主所有，劳动过程受奴隶主支配，劳动产品当然也归奴隶主所有。

随着劳动者素质技能的提高，奴隶越发无法忍受完全丧失人身权的身份地位，奴隶起义此起彼伏，率先进行制度变革的部族逐渐崛起。变革后的制度便是封建农奴制，农奴成为封建农奴制时期劳动者的存在形态，人类进入封建领主—农奴社会。

农奴——人身权和劳动力所有权部分属于自己，部分属于其领主。因此，农奴不仅大部分时间都要为领主服劳役，还有一些人身权归领主支配。

最适应农业文明的制度是中国自秦开始的官僚地主制，中华民族也因率先实现了制度变革而成为农业文明时期最先进的民族。秦国率先改变劳动者的权利地位，将农奴解放为具有完全人身自由的农民，除土地之外的生产资料所有权也归农民所有，建立起"个人的、以自己劳动为基础的、分散的私有制"[①]，农民成为主要的劳动者，人类进入官僚地主-农民社会。

农民——获得了"民"的身份，比奴隶、农奴获得了更全面的人身权、劳动力所有权和生产资料所有权。但农民没有任何政治权利，只是被"治"的对象。与之对应，重农抑商、压制资本，以保障小农经济是官僚地主制的基本经济政策。对于官僚地主阶级来说，根本利益在于"长治久安"，而非经济增长。商业的发展则必然破坏既定的经济利益关系，打破以农业为主的经济结构，甚至产生资本这种新型生产关系，乃至产生与官僚地主阶级相对抗的商人阶级，这是全面掌握政治权力的官僚地主阶级不能容忍的。因此，商业和商人在古代中国是受压制的对象，能做大的商业要么是政府经营，要么是官僚及其家庭经营的"官商"。

欧洲在农业文明时期的落后表现为其长期处于封建领主制阶段，但在封建制后期，西欧也经历了类似中国春秋战国时期的反对上帝主义、废除封建割据的运动，国王对内消灭封建割据势力，对外扩张势力范围，依靠的是商人和商业。重商主义，而非重农抑商，成为欧洲从封建制走向集权制的指导思想，也成为欧洲从封建领主制转向资本雇佣制的中介。

商品交换在欧洲率先突破附属地位，成为主导的经济形态，商品经济时代来临。生产和生产者本人的消费分离，生产者生产产品不再是为了直接消费其效用，而是为了社会生产，是为了交换。产品变为商品，人们之间的关系通过商品交换来体现，"市场"成为沟通和联系人们关系的纽带。人们以商品所有者的身份在市场中参与交换、自由交易，商品交换采取等价交换原则，商品价值由劳动决定。商品经济的发展进一步促进了分工和协作，促进了行业分化和生产分工专业化，最终促成了工业革命和工业文明的到来，劳动者逐渐获得了公民身份，人类进入公民社会。

公民——不仅具备人身权这一基本权利，而且以人身权为依据，通过争取公民权和民主权的运动逐渐获得了公民权和民主权等政治权利。血统、等级、身份等所决定的特权被废除，同样具备人身权、公民权、民主权的劳动者获得了平等的公民身份。

---

① 马克思．资本论（第1卷）[M]．北京：人民出版社，1975：832．

工业文明时代的机器大生产使得普通劳动者越来越不可能依靠自有的生产资料直接从事生产。劳动者的劳动力所有权与资本所有者的生产资料所有权分离又使得劳动者越来越不可能直接占有生产资料，公民也有了资本所有者和"被资本雇佣的工人"之分。

雇佣工人——劳动与生产资料分离，使得劳动者不得不出卖自己的劳动力。因为具备人身权和劳动力所有权，所以劳动者又具备在市场上自由出卖劳动力使用权的权利。必要性和可能性的结合，使得劳动者出卖劳动力成为资本雇佣劳动者具有了必然性。"个人的、以自己劳动为基础的、分散的私有制"最终被"以协作和对生产资料的共同占有为基础的资本主义私有制"[①] 所取代，取得了公民身份的劳动者在资本雇佣劳动制度下以"雇佣工人"为存在形态。

随着工业生产方式和工业文明的发展，劳动者的素质技能不断提高，劳动者凭借人身权、劳动力所有权和公民权、民主权，不断进行斗争，逐渐获得了组建工会、组建政党的权利，进而在出卖劳动力交换工资收入的基础上，进一步争取到了社会保障、社会福利等劳动者权益。不仅如此，中国等国家进一步建立了不同于资本雇佣劳动制度的社会主义制度，劳动者具备了从"资本雇佣劳动者"向"自由劳动者"转变的制度基础。

《中华人民共和国宪法》明确规定："中华人民共和国是工人阶级领导的、以工农联盟为基础的人民民主专政的社会主义国家。"劳动者获得了"人民"这一政治身份，劳动者的社会主体地位有了宪法保证。进入新时代，党和国家进一步明确了以人民为中心的思想。党的十九大报告将坚持以人民为中心作为新时代坚持和发展中国特色社会主义的基本方略之一。党的二十大报告中又重申，人民性是马克思主义的本质属性，开辟马克思主义中国化时代化新境界必须坚持人民至上。劳动者作为"人民"的社会主体地位进一步得到明确规定和制度保证。

二、农民工是我国农民发展的新阶段

劳动者在劳动中推动着历史的进步，也改变着自己的存在形态。在资本雇佣劳动制度占支配地位的时代，作为公民的劳动者以"雇佣工人"为存在形态，随

---

① 马克思 . 资本论（第 1 卷）［M］. 北京：人民出版社，1975：832.

着社会主义制度的建立，劳动者具备了"自由劳动"的制度基础。中国劳动者不仅完整经历了这样的过程，而且在农业文明时代长期领先于世界。

农业文明时代的中国之所以先进，在于中国领先西方几个时代率先建立了最适应劳动者素质技能发挥的制度。在中国经历了夏商奴隶制、周朝封建农奴制，并于秦汉建立巩固官僚地主-农民制时，同时期的西方还处于奴隶制阶段。中国劳动者也率先取得了"民"的身份，进入"农民"这一形态。因此，"农民"不仅是一个群体，更是一种小农经济的生产方式，是中国劳动者的一种存在形态。

凭借着小农经济这种最适宜农业文明时代的生产方式，中国农民将土地开发到了极致，最大限度地养活了众多的人口，使得中国成为当今世界上人口最多的国家之一。然而，中国曾经最适应农业文明、最先进的官僚地主制度却陷入了停滞，一方面是小、分、散的小农经济难以产生剩余从而进行扩大再生产，另一方面是重农抑商、压制资本成为大一统制度一以贯之的国策，商业作为容易积聚财富的"垄断"势力长期被压制和控制，由此不仅压抑了中国商业和手工业的发展，也阻碍了资本主义经济关系的形成，使得中国在工业文明时代暂时落后了。从1840年鸦片战争开始，停滞于农业文明时代的中华民族开始了与率先进入工业文明的西方资本主义国家的碰撞与较量。经过百年屈辱史，也是百年救亡图存史，直到1949年新中国成立，中华民族选择了社会主义制度，正式开启了工业化进程。

小农经济的生产方式曾经是农业文明时代最为先进的生产方式，同样，中国农民也曾经是世界上最先进的劳动者存在形态。但是进入工业文明时代之后，停留于小农生产方式中的农民却远远不能适应工业文明和市场经济对劳动者素质技能的要求，使得农民长期陷于相对贫困的境地。这不仅严重制约了中国整体生产力的发挥，而且限制了中国对内需的开发。因此，我国的现代化就是变传统的小农经济生产方式为现代的工业化生产方式。农民的根本利益和方向也不是维持个体小农经济这种传统的农业生产方式，而是改变传统生产方式和生活方式，适应工业化，甚至数字化的生产方式。

农民工是由农民发展而来的，是仍然保留了农业户籍的农民进入工业化生产方式的结果。农民工在经济上具备了雇佣工人的身份，但在户籍上还保留着农村户籍。作为拥有农村户籍，但在现代工业部门、服务业部门或数字产业部门工作的农民工，其社会存在方式和生产方式已经摆脱了传统的小农经济，只不过由户籍身份带来的权利和保障体系仍然与标准的雇佣工人和城市工人有一定差距。

由于参与了工业化生产方式，农民工比传统农民在素质技能和社会地位上都有了一定的提高，表现为在所从事产业、所得经济收入、对中国经济发展的贡献等方面都比传统农民具有明显的进步性。

然而，农村户籍身份所绑定的土地、宅基地等对于农民有着一定的社会保障功能，一方面，降低了企业的劳动力使用成本，对中国改革开放以来的经济积累作出了巨大贡献；另一方面，农民工的季节性流动对于经济危机带来的周期性失业、季节性失业等周期性问题仍然是必要的缓冲。

同时，中国共产党和政府对农民、农民工权益保障政策的不断强化，使农民工与城市劳动者权益权利的差距逐渐缩小。随着数字化生产方式和数字经济的发展，平台成为新型劳动组织形式，以企业为主要劳动组织形式的传统劳动关系被重塑，从工厂打工转向平台就业的新业态农民工数量增加，城市雇佣工人的就业形式也越来越趋于灵活化、平台化。农民工和城市劳动者都面临着进一步转型的发展趋势要求。

第二节　我国农民工就业的历史演进

改革开放 40 多年来，农民工这一群体在我国经济发展与社会进步的进程中发挥了极其重要的作用。党的十九大报告提出，改革开放之初，我们党发出走自己的路、建设中国特色社会主义的伟大号召，经过长期努力，中国特色社会主义进入了新时代，我们必须在理论上跟上时代，不断认识规律，不断推进理论创新、实践创新、制度创新、文化创新以及其他各方面创新。对改革开放以来的农民工政策进行全面梳理，有利于加深学界及相关政策部门对农民工政策的理解，把握农民工政策发展的阶段性特征和主要矛盾的新变化，做到有的放矢、辨证施治、精准发力，使农民工获得感、幸福感、安全感更加充实、更有保障、更可持续；而且有利于不断增强中国特色社会主义道路自信、理论自信、制度自信、文化自信，为解决人类问题贡献中国智慧和中国方案。在不同的历史条件下，我国政府准确把握了当时农民工问题的基本情况，采取了不同的政策与制度，考察分析 40 年多来我国农民工政策的演变发展，大体上可以将其划分为四个阶段。

一、改革开放后的离土不离乡、就地转移与兼业经营阶段

改革开放初期，农民工就业的政策具有较强的变化性，主要分为限制流动、允许流动、控制盲目流动三个阶段。

（1）限制流动时期（1979—1983 年）。改革开放之初，家庭联产承包责任制的推行极大地提升了农业生产力。农业劳动生产率的提升使得农村内部富余劳动力问题逐步凸显，进城务工就业成为解决富余劳动力就业的主要途径。仅1978—1980 年，剔除自然增长部分，我国非农业人口就增加了 1 800 万人，是中华人民共和国成立以来非农业人口增加较多的几年。但当时城市物资供应还是实行计划体制，短期内城市商品粮和副食品的供给能力难以提升，无法满足农村转移劳动力的需求。同时，由于下乡知青大批返城，城镇内部的就业压力陡增，解决城镇劳动力的就业安置问题成为政府的当务之急。在这一背景下，1980 年的全国劳动就业工作会议以及 1981 年 12 月国务院下发的《国务院关于严格控制农村劳动力进城做工和农业人口转为非农业人口的通知》，都进一步强化了政府对农村劳动力流动的管理，农村劳动力的转移受到严格限制。

主要措施包括：一是严格控制从农村招工。对从农村招工统一管理、统一审批，审批权限上收到省、自治区、直辖市人民政府一级，只有特定行业、特定工种在人力不足时，可经审批从农村招工；其他单位未经批准，一律不准从农村招工。二是清理企事业单位使用的农村劳动力。大力清退计划外用工，动员他们回农村参加农业生产，不能在单位之间调配和借用。全民所有制单位及时辞退不需要的人员，对留下的人员不得转为国家固定职工或非农业人口。动员进城的农村建筑队、运输队回农村参加农业生产。三是加强户口和粮食管理。迁转户口由公安机关统一办理。粮食部门按照政策规定严格控制农业人口转为非农业人口。不符合规定的，不供应商品粮。地方每年都要检查一次户口、粮食管理和招收职工政策的执行情况。发现不符合政策规定的做法限期纠正。

在政府的严格管控下，农村劳动力进城务工的势头得到抑制。据统计，1982年农村出乡就业的劳动力回落到 200 万人左右。对于农村富余劳动力，政府通过发展多种经营和兴办社队企业，就地吸纳安置，开启了我国农村劳动力转移史上别具特色的"离土不离乡"的就地转移模式。

（2）允许流动时期（1984—1988 年）。到 20 世纪 80 年代中期，随着家庭承

包经营制度在全国范围内普遍推行，我国农业生产力显著提升，农产品供给连上新台阶，粮食总产量6年跨越了7 000亿斤[①]和8 000亿斤两个台阶，由1978年的6 095亿斤增加到1984年的8 146亿斤，历史性地解决了长期困扰我国的粮食等农产品严重短缺问题。在农产品供给全面增长的有利条件下，国家继续深化农村经济体制改革，如废除人民公社制度、改革农产品统购统销制度等。这些改革不同程度地消除了农村劳动力流动的体制性障碍，为农村劳动力重新进城奠定了基础。

另外，随着国家将改革重心转向城市，通过扩大企业经营自主权、搞活企业劳动用工制度、改革企业财税制度、鼓励多种所有制形式和多种经营方式等一系列措施，国民经济在20世纪80年代中期高速增长，加大了对非农就业的用工需求。乡镇企业特别是东部地区的乡镇企业异军突起，劳动力需求迅速增加；城市建设事业项目增多，也需要大量的劳动力来满足城市建设的需要。在这种形势下，允许农村劳动力流动已不仅是农民的迫切愿望，而且成为经济发展的客观要求。

为了顺应社会经济形势变化，国家逐步放宽农村劳动力进城就业的条件。例如，允许务工、经商、办服务业的农民自理口粮到集镇落户，允许农村集体和农民个人从事长途贩运，销售"三类农副产品"和统、派购任务以外允许上市的农副产品。这些标志着城乡隔绝体制开始正式松动。对于申请到集镇务工、经商、办服务业的农民和家属，在集镇有固定住所，有经营能力，或在乡镇企事业单位长期务工的，地方政府在落实常住户口、加价粮油供应、建房、买房、租房、工商登记、发证和管理工作等方面为他们提供方便。随着时间推移，政策进一步放宽。如，鼓励扩大城乡经济交往，允许农民进城开店设坊，兴办服务业，提供各种劳务，支持和鼓励农民兴办交通运输业，允许国营企业招收农村工人。为了帮助贫困地区脱贫致富，国家还出台相关政策，通过加强地区之间协作，组织劳动力跨地区流动，为中西部贫困地区农村劳动力流动创造条件。

在上述政策措施推动下，农村劳动力流动进入了一个较快增长的时期。据统计，1989年我国农村转移劳动力数量达到3 000万人，年均新增500万人，远远超过前一阶段农村劳动力转移的总量。

---

① 斤为非法定计量单位，1斤＝500克。——编者注

(3) 控制盲目流动时期（1989—1991年）。20世纪80年代后期，农村劳动力流动规模迅速扩大，但由于城市劳动力市场尚不健全，各地对农民的大量流入又普遍准备不足，因此流动人口的增加给城市交通、供应、治安等造成了很大的压力。同时，从1988年下半年开始，经济过热引发了严重的通货膨胀问题。当时，中央做出了"治理经济环境、整顿经济秩序"的决定。在为期三年的治理整顿期间，由于国家采取了压缩基本建设投资规模、加强财税和信贷控制等一系列重要的经济措施，许多建设项目下马或停建，相当一部分企业开工不足，国民经济增长速度明显放慢。在这种形势下，城市劳动力市场的就业形势恶化，大量的农民工被清退，出现了已经转入城市的农民工向农村逆向流动的现象。

为了缓解城市就业压力，国家在这一时期加强了对农村劳动力流动的限制。1989年3月，国务院办公厅发出《关于严格控制民工外出的紧急通知》，要求各地政府严格控制民工盲目外出。1990年4月，国务院《关于做好劳动就业工作的通知》强调，要合理控制农村劳动力的转移，减轻城镇就业压力。要引导农村富余劳动力"离土不离乡"，因地制宜地发展林牧副渔业，开展多种服务业，搞好农村建设，使农村富余劳动力就地消化和转移。对农村劳动力进城务工要运用法律、经济、行政手段进行严格管理，劳动部门要从严审批，建立临时务工许可证和就业登记制度。对现有计划外用工，要按照政策做好清退工作，重点清退来自农村的计划外用工，使其尽早返回农村劳动。同时，严格控制"农转非"过快增长，并把其纳入国民经济与社会发展规划，对"农转非"实行计划指标管理。

上述政策措施对农村劳动力流动确实起到了控制效果。与1988年相比，1989年滞留于城市的流动人口减幅较大，各大城市中最大的回落幅度达到1/3左右。但这种回落持续的时间很短，到1990、1991年，大多数城市的流动人口数量又回复到了1988年的水平，有些城市还略有增长[①]。此外，这一时期的流动人口管理体制也发生了一些积极的变化。一些大城市开始制定关于流动人口的综合性管理法规，尝试建立综合性的管理机构，以前片面抓城镇就业工作的政府劳动部门，也已积极介入到农村劳动力的就业安置中来，并会同有关部门开始组织实施农村劳动力开发就业试点。这种局面为城乡劳动力资源的统一开发和利

---

① 王建民，胡琪. 中国流动人口 [M]. 上海：上海财经大学出版社，1996.

用,逐步建立、健全城乡统一的劳动力市场,打下了良好的基础。

二、20世纪90年代初期的离土离乡、转移进城兼业化务工阶段

1992年,我国改革开放进入新阶段,国民经济发展也进入了新一轮增长期。但随之而来的是城乡差距和地区差距的不断扩大,1984年我国城镇居民人均可支配收入与农民人均纯收入之比为1.71:1,到1994年已上升到2.86:1;1985年,东、中、西部三大地带的农民人均纯收入之比为1.78:1.32:1,到1995年已上升到了2.40:1.54:1,发展差距的拉大必然会对劳动力资源配置产生影响,农村劳动力向城镇和东部转移就业已难以抑制。同时,20世纪80年代中后期,农业吸纳劳动力就业不足以及乡镇企业吸纳新增就业能力下降等问题,再一次使得农村富余劳动力的问题凸现出来。在多重挤压下,部分地区农村劳动力自发地、大规模地向外转移,形成了"民工潮"。在这种愈演愈烈的农村劳动力跨区流动的新形势下,过去以"堵"为主的政策显然不是解决问题的有效办法。借助劳动力市场进行疏导的办法是解决"民工潮"压力的唯一有效措施,规范流动也就成为这个时期的政策重点。这个时期的政策路线主要分三步。

首先是通过农村劳动力开发就业试点工作积累经验。1991年1月,劳动部、农业部、国务院发展研究中心等单位决定,联合建立中国农村劳动力开发就业试点项目。项目组织实施分两个阶段:1991—1994年为第一阶段,试点工作主要在全国近50个县级单位中进行;1994—1996年为第二阶段,试点工作在全国8个省份展开。试点项目的主要内容包括:①通过调整农业结构,加强农业综合开发,来增加就业岗位;②通过调整农村产业结构,促进多种所有制形式共同发展,来组织农村劳动力自主就业;③组织农村劳动力在农村不同区域之间、城乡之间合理流动以及对外劳务输出;④开展多种形式的培训,提高农村劳动者的素质;⑤对城乡劳动力就业实行计划与市场调节相结合的统筹管理;⑥建立农村劳动力就业的社会化服务体系;⑦以建设小城镇为依托,吸纳农村富余劳动力。

其次是在前期试点工作经验的基础上,提出规范农村劳动力有序流动的各种措施。例如,农村劳动力外出之前,须持身份证和其他必要的证明,在本人户口所在地的劳动就业服务机构进行登记并领取外出人员就业登记卡;到达用人单位

后，须凭外出人员就业登记卡领取当地劳动部门颁发的外来人员就业证；证、卡合一生效，简称流动就业证，作为流动就业的有效证件，持有人员享受劳动就业服务机构提供的就业服务。对于离开常住户口所在地、拟在暂住地居住一个月以上的年满 16 周岁人员，如果不是为了探亲、访友、旅游、就医、出差等目的，在申报暂住户口登记的同时，应当申领暂住证。暂住证为一人一证，有效期限最长为一年，暂住期满需继续暂住的，应当在期满前办理延期或换领手续。此外，还通过对农村劳动力开展培训和改善服务，来调控农村劳动力的流动。例如，建立劳动预备制度，提高流动就业农村劳动力职业技能，建立健全劳动力市场规划和信息服务系统，加强劳动力市场建设等。

最后是探索户籍制度改革的突破口。1997 年，《国务院批转公安部小城镇户籍管理制度改革试点方案和关于完善农村户籍管理制度意见的通知》（国发〔1997〕20 号）明确规定，从农村到小城镇务工或者兴办第二产业、第三产业的人员，小城镇的机关、团体、企业和事业单位聘用的管理人员、专业技术人员，在小城镇购买了商品房或者有合法自建房的居民，以及其共同居住的直系亲属，可以办理城镇常住户口。1998 年 6 月，《国务院批转公安部关于解决当前户口管理工作中突出问题意见的通知》（国发〔1998〕24 号）提出，凡在城市有合法固定的住房、合法稳定的职业或者生活来源，已居住一定年限并符合当地政府有关规定的，可准予在该城市落户。

这一时期农村劳动力外出规模保持了逐年稳定增长的势头，据统计，1997 年农村外出就业劳动力达到 7 722 万人。到了 2000 年，农村外出就业劳动力总量达到 8 500 万人左右。这一阶段的政策变化表明，中央政府及有关部门在改革城乡分割体制、推动城乡劳动力市场一体化方面已开始迈出实质性步伐，农村劳动力的转移和流动正在进入一个新的发展时期。

三、加入世界贸易组织后的跨区域转移、范围规模双扩阶段

进入 21 世纪，中国加入世界贸易组织（WTO），中国经济又迎来了一个高速发展的阶段。随着经济体制改革的不断推进，农民进城务工对整个社会经济发展的贡献逐步得到社会的认同，社会各方面对进城务工农民的思想观念和态度也发生了变化。2001 年，《国家第十个五年计划纲要》就指出，"要提高城镇化水平，转移农村人口……引导农村富余劳动力在城乡、地区间的有序流动"。同时，

随着综合国力的增强，我国政府把"工业反哺农业、城市支持农村"作为新时期的工作方针，2006 年出台的《关于解决农民工问题的若干意见》（国发〔2006〕5 号），指出要建立城乡统一的劳动力市场和公平竞争的就业制度，建立保障农民工合法权益的政策体系和执法监督机制，建立惠及农民工的城乡公共服务体制和制度，拓宽农村劳动力转移就业渠道，保护和调动农民工的积极性。这就标志着这一时期政府解决农村劳动力转移问题已经由之前的控制、规范调整为鼓励和保障。这一时期的政策主要有五个方面的变化。

一是取消各种不合理的收费。例如，取消对外出或外来务工人员收取的暂住费、暂住（流动）人口管理费、计划生育管理费、城市增容费、劳动力调节费、外地务工经商人员管理服务费、外地建筑企业管理费等多种收费。二是加强对农民工权益的保护。主要是加快推动包括《中华人民共和国劳动合同法》在内的多项政策法规的出台，加强农民工劳动合同管理；强化最低工资制度和工资保障金制度，解决农民工工资偏低和工资拖欠问题；制定职业安全卫生法规和准则，保障农民工的职业卫生安全；建立健全农民工维权渠道，强化合法权益保护。三是加强对农民工的培训工作。2003 年 9 月，国务院办公厅转发了由农业部、劳动和社会保障部、教育部、科技部、建设部、财政部六部委共同制定的《2003—2010 年全国农民工培训规划》，由中央和地方财政安排专项经费，用于农民工的培训工作。四是做好农民工子女义务教育。2003 年，国务院颁布《关于进一步加强农村教育工作的决定》（国发〔2003〕19 号），政策导向由"限制外出，缴费借读"逐步转变为"以流入地为主、公办学校为主"。五是进一步推动户籍管理制度改革。中小城市和小城镇适当放宽农民工落户条件，大城市要积极稳妥地解决符合条件的农民工户籍问题，进一步改进农民工居住登记管理办法。

这一时期，我国促进农民工转移就业的体制机制逐步建立，中央建立了农民工工作联席会议制度，加强部门间的合作与协调。在政策的推动和鼓励下，农村劳动力转移迎来了一个爆发期。到 2012 年，外出农民工总量达到 16 336 万人，比 2000 年几乎翻了一番。

四、党的十八大以来的农民工高质量就业新阶段

随着农村劳动力转移规模的扩大，农民工迅速成为国家产业工人的主体，带来了国家城镇化水平的持续提升。但受城乡分割的户籍制度影响，农村劳动力

"候鸟式迁移"的方式并未有太大变化。2013年，中国常住人口城镇化率已经超过52%，但户籍人口城镇化率只有35%，其中2亿多农民工实现了从农村到城市的地域转移、从农业到非农产业的职业转换，但没有实现从农民到市民的身份的转变，属于"半城镇化"，这也成为制约"四化同步"发展的短板。党的十八大以来，党和政府高度重视农民工工作，一方面成立了国务院农民工工作领导小组，统筹协调农民工相关的制度和政策安排；另一方面，着力推动农民工市民化，促进农民工社会融合。2014年，国家发布了《国家新型城镇化规划（2014—2020年）》，指出推进农业转移人口享有城镇基本公共服务，建立健全农业转移人口市民化推进机制。同年，国务院印发了《关于进一步做好为农民工服务工作的意见》（国发〔2014〕40号），这是继国发〔2006〕5号文之后，第二个为做好农民工工作出台的文件。其中明确要求到2020年，引导约1亿人在中西部地区就近城镇化，努力实现1亿左右农业转移人口和其他常住人口在城镇落户，未落户的也能享受城镇基本公共服务，农民工群体逐步融入城镇。2016年，国务院办公厅印发的《推动1亿非户籍人口在城市落户方案》，旨在促进有能力在城镇稳定就业和生活的农业转移人口举家进城落户，推进新型城镇化。2022年，国家发展改革委印发的《2022年新型城镇化和城乡融合发展重点任务》，旨在提高农业转移人口市民化质量、加强农民工就业服务和技能培训等一系列重要工作。2022年，中共中央、国务院印发的《关于加快建设全国统一大市场的意见》指出，要健全城乡统一的土地和劳动力市场，健全统一规范的人力资源市场体系，促进劳动力、人才跨地区顺畅流动，完善财政转移支付与农业转移人口市民化挂钩政策。这一时期的政策主要包括五个方面的内容。

一是强化农村转移人口的培训和教育。《关于进一步做好为农民工服务工作的意见》指出要实施农民工职业技能提升计划，将农民工纳入终身职业培训体系，并加快发展农村新成长劳动力职业教育，努力使未升入普通高中、普通高等院校的农村应届初高中毕业生都能接受职业教育。2017年，《国务院关于印发"十三五"促进就业规划的通知》（国发〔2017〕10号）发布，再次对农民工的教育培训工作作出部署。2014年，农业部联合教育部印发《中等职业学校新型职业农民培养方案（试行）》，支持中等职业学校通过弹性学制、农学交替等方式培养农民学员。2019年，国务院办公厅印发《职业技能提升行动方案

（2019—2021年）》的通知，面向包括农村转移劳动力在内的广大劳动者，大规模开展职业技能培训。人力资源和社会保障部指导各地对就业重点群体开展职业技能提升培训和创业培训，加大贫困劳动力和贫困家庭子女技能扶贫工作力度。2019年，共面向农民工群体开展补贴性职业技能培训741.4万人次，有效提升了农民工群体的就业创业能力。2020年为应对新冠疫情，人力资源和社会保障部实施"互联网＋职业技能培训计划"，开展百日免费线上技能培训行动，持续扩大培训供给，为包括农民工群体在内的广大劳动者提供便捷的学习方式。截至2020年6月底，实名注册学员人次数超过1 300万，开展线上培训的人次数超过1 200万。

二是强化农民工的劳动权益保障。近年来，从《中华人民共和国刑法修正案（八）》将恶意欠薪入刑，到明确"拒不支付劳动报酬罪"的定罪量刑标准；从对拖欠工资违法失信用人单位实行联合惩戒，到开展根治欠薪冬季专项行动……党和政府高度重视解决欠薪问题，切实保障农民工合法权益，充分体现了以人民为中心的发展思想，彰显了治理力度和温度。经过多年整治，我国劳动者尤其是农民工欠薪高发多发的现象得到明显遏制，这与党和政府坚持把保障农民工合法利益不受侵害放在突出位置紧密相关，与一年接一年坚持不懈地开展"清欠行动"密不可分。

三是支持农民工返乡创业。2015年，国务院办公厅下发了《国务院办公厅关于支持农民工等人员返乡创业的意见》（国办发〔2015〕47号），明确支持农民工等人员返乡创业。2016年，国务院办公厅下发《国务院办公厅关于支持返乡下乡人员创业创新促进农村一二三产业融合发展的意见》（国办发〔2016〕84号），鼓励农民工等返乡创业，推动农村一二三产业融合发展。2017年，国务院印发的《"十三五"促进就业规划的通知》指出，要结合新型城镇化开展支持农民工等人员返乡创业试点。2018年，国务院印发的《关于推动创新创业高质量发展打造"双创"升级版的意见》指出，要深入推进农民工返乡创业试点工作。2022年，国务院印发的《"十四五"推进农业农村现代化规划》明确指出，支持农民工、大中专毕业生、退役军人、科技人员和工商业主等返乡入乡创业，鼓励能工巧匠和"田秀才""土专家"等乡村能人在乡创业。

四是推动农民工市民化。2014年，《国务院关于进一步做好为农民工服务工作的意见》明确了农民工市民化的目标和原则，并就推动农民工逐步实现平等享受城镇基本公共服务和在城镇落户提出了具体意见。2016年，国务院印发了《关于实施支持农业转移人口市民化若干财政政策的通知》（国发〔2016〕44号），明确建立健全支持农业转移人口市民化的财政政策体系，并从十个方面为财政政策支持农业转移人口市民化提供了"路线图"。在中央加大对农民工市民化的财政支持政策的指导下，2016年，财政部印发《中央财政农业转移人口市民化奖励资金管理办法》，设立了农业转移人口市民化奖补资金，财政部还于2017年规定了各地享受的均衡性转移支付公式。2016年1月1日开始实行的《居住证暂行条例》，促进了新型城镇化的健康发展，推进了城镇基本公共服务和便利常住人口全覆盖。2022年，中共中央、国务院联合印发的《关于加快建设全国统一大市场的意见》明确指出，完善农业转移人口市民化挂钩政策。

五是促进农民工与社会融合。 2014年，国务院印发《国务院关于进一步做好为农民工服务工作的意见》，首次就促进农民工社会融合作出具体部署，明确要求保障农民工依法享有民主政治权利，把农民工纳入城市公共文化服务体系，促进农民工与市民之间交往、交流。2015年，人力资源和社会保障部会同国家发展改革委等部门印发的《关于做好进城落户农民参加基本医疗保险和关系转移接续工作的办法》，指出要健全进城落户农民参加基本医疗保险和关系转移接续政策，做好进城落户农民参加基本医疗保险和流动就业人员等基本医疗保险关系转移接续工作。2016年，国务院印发《国务院关于统筹推进县域内城乡义务教育一体化改革发展的若干意见》，指出要为流动人口子女提供必要的接受教育的保障。

这一时期，中央关于农民工的政策导向已经由促进就业、保障权利逐步向推动农民工市民化、社会融合方向转变。目前来看，农民工转移就业规模已基本保持稳定。2020年，外出农民工数量为16 959万人，相较2016年提高25万人，比2012年增加不到600万人，增速明显回落。2020年受到新冠疫情的影响，我国农民工总数、外出农民工人数、本地农民工人数出现了不同程度的下滑，其中外出农民工人数下降幅度超过本地农民工人数下降幅度。2021年，我国经济社会发展逐渐克服新冠疫情的影响，农民工人数较2020年增长3.7%，增至29 251万人。具体见表2-1。

表 2-1　我国农民工就业情况

年份	农民工人数（万人）	农民工人数同比增长率（%）	外出农民工人数（万人）	本地农民工人数（万人）	本地农民工受雇比例（%）	外出农民工受雇比例（%）
2008	22 542	—	14 041	8 501	—	—
2009	22 978	2.1	14 533	8 445	—	93.6
2010	24 223	5.4	15 335	8 888	—	—
2011	25 278	4.4	15 863	9 415	71.9	94.8
2012	26 261	3.9	16 336	9 925	72.8	95.3
2013	26 894	2.4	16 610	10 284	—	—
2014	27 395	1.9	16 821	10 574	71.6	93.9
2015	27 747	1.3	16 884	10 863	72.8	94.1
2016	28 171	1.5	16 934	11 237	—	—
2017	28 652	1.7	17 185	11 467	—	—
2018	28 836	0.6	17 266	11 570	—	—
2019	29 077	0.8	17 425	11 652	—	—
2020	28 560	−1.8	16 959	11 601	—	—
2021	29 251	3.7	17 172	12 079	—	—
2022	29 562	2.4	17 190	12 372	—	—

数据来源：国家统计局发布的 2008—2022 年《全国农民工监测调查报告》。

第三节　我国农民工就业发展现状与类型分化

随着经济社会的快速发展与产业结构的优化，我国农户分化呈现"纯农户—兼业户—非农户"的演化历程，就业逐渐由第一产向第二、三产业转移，就业类型也不断丰富，并呈现出中国特色的农民工流动与演化特征。

一、农民工就业现状及其类型

目前，我国农民工的就业类型主要以灵活创业型、企业就业型与劳务派遣型为主，我国绝大多数农民工通过这三种方式实现就业创业。因此，分析农民工三种类型的就业方式，对分析我国农民工整体就业形势至关重要。

（1）**灵活创业型。**灵活创业逐渐演变成为我国农民工重要的就业方式。据国家统计局的统计数据，我国以自营方式实现就业的农民工就业人数从 2008 年的

1 555.40 万人提高到 2015 年的 4 606.00 万人，在农民工总数中的比例从 2008 年的 6.9% 提高到 16.6%，见表 2-2。尽管在 2016 年之后，国家统计局不再公布自营农民工人数等相关数据，但从国务院政策例行吹风会所提及的数据来看，2021 年我国灵活就业规模已达到 2 亿人，占总就业人数比例约为 27%。根据国家统计局公布的 2019 年城镇灵活就业人数（11 692 万人），我们合理估测自营农民工超过 0.8 亿人，按照我国农民工约 2.9 亿人的总数估算，占比超过 30%，这表明灵活创业已经成为农民工就业的重要方式。

表 2-2 我国自营农民工变化情况

年份	人数（万人）	比例（%）	增长率（%）
2008	1 555.40	6.9	—
2009	1 470.59	6.4	−5.45
2013	4 437.51	16.5	—
2014	4 657.15	17.0	4.95
2015	4 606.00	16.6	−1.10

数据来源：国家统计局发布的 2009—2015 年《全国农民工监测调查报告》。

值得注意的是，不同流动范围的农民工在就业方式选择上呈现出一定的差异。2015 年，本地农民工中以自营方式就业的农民工人数占 27.2%；外出农民工中以自营方式就业的人数占 5.9%。从时间维度来看，2011—2015 年，本地以自营方式就业的农民工人数从 2011 年的 2 645.62 万人增加到 2015 年的 2 954.74 万人，增长率由 2012 年的 2.04% 降至 2015 年的 −1.61%。外出农民工中以自营方式就业的农民工人数从 2011 年的 824.88 万人增加到 2015 年的 996.16 万人，增长率由 2012 年的 −6.92% 增至 2015 年的 −2.92%，逐渐趋于稳定。从比重看，本地以自营方式就业的农民工在本地农民工中的比重始终维持在 28% 左右，外出农民工中以自营方式就业的农民工占外出农民工的比例始终维持在 5% 左右（表 2-3）。相较于本地农民工，外出农民工自营就业的比例相对较低。农民工对于其就业方式的选择是基于自身资本禀赋做出的一种理性选择，社会资本在农民工进入自营就业的过程中发挥着重要作用。从流动范围的角度来看，相较于本地农民工，外出农民工由于流动距离较远，需要重新构建其进入自营就业所需要的社会资本，因而外出农民工以自营方式就业的比例远低于本地农民工。尽管后续因为新冠疫情影响，自营农民工数量可能有所下降，但

2023 年国家已经针对新冠疫情防控政策作出调整，且类似美团外卖、抖音等企业的发展，对灵活就业农民工需求增大，自营农民工数量可能会出现一定程度的上升。

表 2-3 我国不同流动范围的自营农民工变化情况

年份	本地农民工			外出农民工		
	人数（万人）	比例（%）	增长率（%）	人数（万人）	比例（%）	增长率（%）
2011	2 645.62	28.1	——	824.88	5.2	——
2012	2 699.60	27.2	2.04	767.79	4.7	−6.92
2014	3 003.02	28.4	5.62	1 026.08	6.1	16.82
2015	2 954.74	27.2	−1.61	996.16	5.9	−2.92
······						
2020	11 601.00		−0.40	16 959.00		−2.70
2021	12 079.00		4.10	17 172.00		1.30
2022	12 372.00		2.40	17 190.00		0.10

来源：国家统计局发布的 2009—2015 年《全国农民工监测调查报告》。

党的十八大以来，在"大众创业、万众创新"的背景下，中央关于农村劳动力转移就业的政策导向发生调整，返乡创业成为又一个政府支持的方向。2015年，国务院办公厅下发了《国务院办公厅关于支持农民工等人员返乡创业的意见》（国办发〔2015〕47 号），明确支持农民工等人员返乡创业。2016 年，国务院办公厅下发《关于支持返乡下乡人员创业创新促进农村一二三产业融合发展的意见》（国办发〔2016〕84 号），鼓励农民工等返乡创业，推动农村一二三产业融合发展。2017 年，国务院印发的《"十三五"促进就业规划的通知》中指出，要结合新型城镇化开展支持农民工等人员返乡创业试点。同年，国务院还印发了《国务院关于做好当前和今后一段时期就业创业工作的意见》，指出要促进农民工返乡创业，大力发展农民合作社、种养大户、家庭农场、建筑业小微作业企业、"扶贫车间"等生产经营主体，引导新生代农民工到以"互联网＋"为代表的新业态就业创业。国务院在 2017 年还印发了《关于强化实施创新驱动发展战略进一步推进大众创业万众创新深入发展的意见》，指出要加快将现有支持"双创"财政政策措施向返乡下乡人员创新创业拓展，将符合条件的返乡下乡人员创新创业项目纳入强农惠农富农政策范围。2018 年，国务院印发的《国务院关于推动创新创业高质量发展打造"双创"升级版的意见》中指出，要深入推进农民工返乡创业试点工作，推出一批农民工返乡创业示范县和农村创新创业典型县。同年，住房和城乡建设部印发《关于开展引导和支持设计下乡工作的通知》，鼓励支持规划、建筑等领域设计人员下乡开展服务，指导地方通过对口帮扶、设计竞赛、组织培训等方式推进设计下乡。2019 年 6 月，国务院印发《关于促进乡村产业振兴的指导意见》，提出了一系列用地、信贷、人才等方面的政策，引导各类人才返乡入乡创业。同年，农业农村部会同人力资源和社会保障部、财政部出台《关于进一步推动返乡入乡创业工作的意见》，明确提出"对首次创业、正常经营 1 年以上的返乡入乡创业人员，可给予一次性创业补贴"。

在外务工人员返乡创业，既可以激发当地的经济活力，创造更多就地就近就业机会，加快输出地新型工业化、城镇化进程，又有利于将现代科技、生产方式和经营理念引入农业，提高农业质量效益和竞争力，补齐"四化"同步发展的农业短板。近年来，大量返乡劳动力到农村开展创业创新，为乡村振兴发展提供了不竭动力。返乡劳动力通过创业，为农村培育了一批新农人，发展了一批新产业，带动了一批农民增收致富。以"互联网＋"为代表的农村淘宝创业，为农业新型经营模式提供了新思路。信息化下的现代农业，如在线农业、直播农业、数字农业等智慧型农业开辟了新的就业岗位，带动了一批农村劳动力就业。特色小镇、美丽乡村、田园综合体等新产业新业态，逐步成为乡村振兴的新动能。至此，在促进农村转移劳动力城市融合的过程中，经历了一个从鼓励外出，到外出与就地就近转移并重，再到支持返乡创业的城乡流动的转换。

（2）**企业就业型。**我国农民工的主要就业方式始终以企业就业型为主。据国家统计局的统计数据，2008—2015 年，尽管我国以雇工方式就业的农民工就业人数从 2008 年的 20 986.6 万人提高到 2015 年的 23 141 万人，但增长率却不断下降，增速由 2009 年的 2.48％下降到 2015 年的 1.77％。从比例来看，我国农民工中以受雇方式就业的农民工比例从 93.1％下降到 83.4％，7 年间下降了近10 个百分点（表 2 - 4）。2015 年全部农民工中，以自营方式就业的农民工的人数占 16.6％，以受雇方式就业的农民工的人数占 83.4％，这表明受雇就业是农民工就业的主要方式。尽管近年相关数据并未公布，且受新冠疫情等因素的影响，自营方式就业的农民工比例有所增加，但是根据中国人民大学调研组在《中国灵活用工发展报告（2022）》中发布的情况来看，到 2021 年为止，农民工受雇就业仍旧是主要的就业方式。

表 2-4　我国受雇农民工变化情况

年份	人数（万人）	比例（%）	增长率（%）
2008	20 986.60	93.1	—
2009	21 507.41	93.6	2.48
2013	22 456.49	83.5	—
2014	22 737.85	83.0	1.25
2015	23 141.00	83.4	1.77

数据来源：国家统计局发布的 2009—2015 年《全国农民工监测调查报告》。

值得注意的是，不同流动范围的农民工在就业方式选择上呈现出一定的差异。具体而言，2015 年，本地农民工中以受雇方式就业的人数占 72.8%，以自营方式就业的农民工人数占 27.2%；外出农民工中以受雇方式就业的人数占 94.1%，以自营方式就业的人数占 5.9%。以实际统计情况来看，2011—2015 年，本地农民工受雇就业人数从 2011 年的 6 769.39 万人增加到 2015 年的 7 908.26 万人，增长率由 2012 年的 6.74% 降至 2015 年的 4.45%。外出农民工受雇就业人数从 2011 年的 15 038.12 万人增加到 2015 年的 15 887.84 万人，增长率由 2012 年的 3.52% 降至 2015 年的 0.59%。从比例看，本地以雇工方式就业的农民工占本地农民工的人数比例始终维持在 72% 左右，外出农民工中以雇工方式就业的农民工占外出农民工的人数比例维持在 94% 左右，尽管 2016—2022 年国家统计局并未公布相关数据，但目前学界仍旧认为外出农民工的受雇比例会高于本地农民工，这也与资本积累、社会关系网络存在一定的联系（表 2-5）。

表 2-5　我国不同流动范围的受雇农民工变化情况

年份	本地农民工			外出农民工		
	人数（万人）	比例（%）	增长率（%）	人数（万人）	比例（%）	增长率（%）
2011	6 769.39	71.9	—	15 038.12	94.8	—
2012	7 225.40	72.8	6.74	15 568.21	95.3	3.52
2014	7 570.98	71.6	2.39	15 794.92	93.9	0.73
2015	7 908.26	72.8	4.45	15 887.84	94.1	0.59

数据来源：国家统计局发布的 2009—2015 年《全国农民工监测调查报告》。

（3）劳务派遣型。围绕城市建设、企业发展及人民生活服务，各行业诞生出不同类型的岗位，这些岗位需求灵活，用工量大，用工时间不固定，易标准化培训上岗。劳务派遣型就业能够有效解决企业用工需求不确定等问题。目前，劳务派遣型就业主要涉及生活类、职能类、专业类及服务类岗位，涵盖的人群按照劳动群体金字塔模型可划分为蓝领和白领群体。其中蓝领群体体量更大，主要是因为近年来城市服务业快速发展，围绕消费者生活起居、衣食住行等岗位的用工需求增加，同时，在企业发展过程中，对专业类人才如律师、IT人才的需求也在增加。因此，劳务派遣型就业自蓝领生活服务业向白领服务业逐渐渗透。

随着企业雇主劳务派遣型就业需求的涌现和劳动者对劳务派遣型就业的接受度不断提高，劳务派遣型用工市场规模得以飞速发展，2016—2019年年复合增长率达到45%，2019年市场规模达到4 779亿元。同时，2020年新冠疫情的暴发催化了劳务派遣型用工的应用，市场规模仍保持高速增长的态势。艾瑞分析认为，面对企业雇主需求的持续增加，人力资源服务商竞争激烈。与此同时，活跃的行业态势为头部企业在竞争与合作中创造更多的机会。因此，艾瑞预计未来几年灵活用工市场将会继续保持中高速增长。保守估计，若未来年复合增长率维持在25%，预计2023年全年劳务派遣型用工市场规模将突破1.4万亿元。

中国劳务派遣型用工的发展仍在成长阶段，在各行业的应用尚不深入，传统人力资源服务商和互联网平台型服务商均面临不同的痛点。对于传统人力资源服务商而言，其在线下已经积累了丰富的劳动力与客户资源，但随着企业竞争的加剧，如何长期留存外包员工，使之成为服务商长期相对固定的资源，需要服务商对外包员工进行相关培训，提升专业技能。对于互联网服务商而言，线下交付能力与管理能力还存在相对较大的提升空间。因此，无论是传统型服务商还是平台型服务商，有基于各自特征发展起来的优势，也有服务商之间相对存在的未能解决的痛点。未来，随着线上线下的不断融合发展，服务商之间的竞争将会白热化，劳务派遣型用工行业也将在竞争之中愈加规范。

二、农民工群体的流动特征及演化特点

近年来，我国农民工群体流动呈现出较强的规律性，主要体现在：农民工规

模增速放缓，外出就业比例不断降低；农民工平均年龄逐渐提升，学历水平稳步提高；新生代农民工已成为农村外出劳动力的主体、城市融入感持续提升。

（1）**农民工规模增速放缓，外出就业比例不断降低**。一方面，农民工规模增速放缓且趋于稳定。改革开放之初，农村劳动力外出就业的规模较小，大约在200万人。20世纪80年代中期，随着国家逐步放宽农村劳动力进城就业的条件，农村劳动力转移迎来了首个大爆发，到1989年，出乡就业的农村劳动力规模迅速达到3 000万人。1992年邓小平南方谈话发表之后，中国首次出现了农村劳动力大规模的跨区迁移大潮。当时，沿海地区对外开放步伐加快和外商直接投资所创造的非农就业机会，吸引着农业领域转移出来的农村劳动力。1993年，农村劳动力出乡就业数量达到6 200万人，在短短的4年时间里，出乡迁移数量就翻了一倍。到20世纪90年代中后期，城市职工大量下岗以及乡镇企业增长速度减缓，使城镇吸纳农村劳动力就业的能力减弱，农村劳动力转移的速度逐步放缓，年平均转移数量下降到360万人左右，但是外出总量仍保持上升的趋势。进入21世纪，中国经济又迎来了一个高速发展的阶段。随着农民工对整个社会经济发展的贡献得到社会的认同，农村劳动力转移速度不断加快，又迎来了新一轮转移就业大潮。其中，2004年，农村劳动力迁移数量首次超过1亿人，占农村劳动力总量的20.6%。"十一五"阶段，农村劳动力的年均转移规模达到800万人，即使2008年全球化的金融危机导致农民工大量返乡，但随后外出就业的规模就迅速恢复到之前的水平并保持了中高速增长。直到2013年，随着中国经济发展进入新常态阶段以及农村劳动力资源总量的下降，农村劳动力外出就业规模的增速才开始放缓。2020年，受新冠疫情影响，农村劳动力外出就业规模出现负增长。2021—2022年，因新冠疫情控制有力，农村外出就业人数均有所回升。其中，2022年平均转移19万人（表2-6）。

表2-6　改革开放以来农村劳动力外出就业数量

年份	出乡就业规模（万人）	年平均转移数量（万人）	增长率（%）	比例（%）
1982	200	50	—	—
1989	3 000	400	—	—
1993	6 200	800	—	—
1995	7 000	400	—	—
1996	7 223	223	—	—

（续）

年份	出乡就业规模（万人）	年平均转移数量（万人）	增长率（%）	比例（%）
1997	7 722	499	—	—
2001	8 961	348	—	—
2004	10 260	440	—	—
2009	14 533	492	3.5	63.25
2010	15 335	802	5.5	63.31
2011	15 863	528	3.4	62.75
2012	16 336	473	3.0	62.21
2013	16 610	274	1.7	61.76
2014	16 821	211	1.3	61.40
2015	16 884	63	0.4	60.85
2016	16 934	50	0.3	60.11
2017	17 185	251	1.5	59.98
2018	17 266	81	0.5	59.88
2019	17 425	159	0.9	59.93
2020	16 959	−466	−2.7	59.38
2021	17 171	212	1.3	58.70
2022	17 190	19	0.1	58.15

数据来源：国家统计局发布的 2010—2022 年《农民工监测调查报告》。

另一方面，农村外出劳动力就业区域开始向省内转移。农村劳动力外出就业初期，受当时信息闭塞和交通不畅的影响，农村劳动力外出更倾向于在本省内。1994 年，劳动部课题组对八省份农村劳动力外出的调查显示，仅有 26.4% 的农村劳动力选择到省外就业。随着劳动力外出规模的扩大和经验的积累，以及东部地区就业机会的增加，农村劳动力"走出去"的愿望越来越强烈。因此金融危机前，跨省就业的劳动力比重一直逐年提高。据全国农村固定观察点监测，2008 年跨省流动（含境外）的农村劳动力比例达到 45.4%。尽管 2008 年金融危机的爆发导致 2009 年农村劳动力跨省就业的比例大幅降低，但随后两年迅速反弹，虽然没有恢复到金融危机前的水平，但 2011 年农村劳动力跨省流动比例 42.3% 仍是最高的。近年来，外出劳动力跨省流动的比例逐步开始下降，取而代之的是县内就业和省内就业比例的提高。2016 年，跨省流动的比例占 38.0%，而乡外县内就业的比例则提升至 31.7%。2022 年，外出农民工选择跨省就业的比例为

41.1%，省内就业的比例为58.9%（表2-7）。因此，我国外出就业农民工以省内就业为主。

表2-7　农村外出农民工就业区域分布的变化

单位：%

年份	省内流动		跨省流动（含境外）
	乡外县内	县外省内	
2008	25.9	28.7	45.4
2009	30.0	30.5	39.5
2010	29.8	29.3	40.9
2011	29.2	28.5	42.3
2012	30.5	30.5	39.0
2015	30.8	30.1	39.1
2016	31.7	30.3	38.0
2017	55.3		44.7
2018	56.0		44.0
2019	56.9		43.1
2020	58.4		41.6
2021	58.5		41.5
2022	58.9		41.1

数据来源：国家统计局发布的2010—2022年《农民工监测调查报告》。

（2）农民工平均年龄逐渐提升，学历水平稳步提高。 近年来，我国农民工平均年龄呈现出不断提高的趋势，且增速并未出现放缓的迹象，由2008年的34.0岁提高到2022年的42.3岁。从分年龄段看，我国农民工在年龄上呈现出"低龄减少、高龄增加"的趋势。16～30岁的农民工人数不断下降，占农民工总数的比例也不断降低。其中，16～20岁的农民工人数由2008年2 411.99万人下降到2022年的384.31万人，比例由10.7%下降到1.3%，降幅最为明显。21～30岁的农民工人数由2008年的7 957.33万人下降到2022年的5 468.97万人，比例由35.3%下降至18.5%。年龄在31岁以上的农民工人数呈现出迅速增加的趋势。其中，31～40岁的农民工人数由2008年5 410.08万人增加到2022年的8 040.86万人，比例由24.0%增加到27.2%。41～50岁的农民工人数由2008年的4 192.81万人增加到2022年的7 035.76万人，比例由18.6%增至23.8%。51岁及以上的农民工人数由2008年的2 569.79万人增加到2022年的8 632.10

万人，比例由 11.4% 增至 29.2%，涨幅最为明显（表 2-8）。

表 2-8 农民工年龄构成情况

年份	平均年龄（岁）	16~20 岁		21~30 岁		31~40 岁		41~50 岁		51 岁及以上	
		人数（万人）	比例（%）	人数（万人）	比例（%）	人数（万人）	比例（%）	人数（万人）	比例（%）	人数（万人）	比例（%）
2008	34.0	2 411.99	10.7	7 957.33	35.3	5 410.08	24.0	4 192.81	18.6	2 569.79	11.4
2009	—	1 953.13	8.5	8 226.12	35.8	5 422.81	23.6	4 572.62	19.9	2 803.32	12.2
2010	—	1 574.50	6.5	8 696.06	35.9	5 692.41	23.5	5 135.28	21.2	3 124.77	12.9
2011	36.0	1 592.51	6.3	8 265.91	32.7	5 738.11	22.7	6 066.72	24.0	3 614.75	14.3
2012	37.3	1 286.79	4.9	8 377.26	31.9	5 908.73	22.5	6 722.82	25.5	3 965.41	15.1
2013	35.5	1 264.02	4.7	8 283.35	30.8	6 158.73	22.9	7 100.02	26.4	4 087.89	15.2
2014	38.3	958.83	3.5	8 273.29	30.2	6 246.06	22.8	7 232.28	26.4	4 684.55	17.1
2015	38.6	1 026.64	3.7	8 102.12	29.2	6 187.58	22.3	7 463.94	26.9	4 966.71	17.9
2016	39.0	929.64	3.3	8 056.91	28.6	6 197.62	22.0	7 606.17	27.0	5 408.83	19.2
2017	39.7	744.95	2.6	7 822.00	27.3	6 446.70	22.5	7 535.48	26.3	6 102.88	21.3
2018	40.2	692.06	2.4	7 266.67	25.2	7 064.82	24.5	7 353.18	25.5	6 459.26	22.4
2019	40.8	581.54	2.0	6 716.79	23.1	7 414.64	25.5	7 211.10	24.8	7 152.94	24.6
2020	41.4	456.96	1.6	6 026.16	21.1	7 625.52	26.7	6 911.52	24.2	7 539.84	26.4
2021	41.7	468.02	1.6	5 733.20	19.6	7 897.77	27.0	7 166.50	24.5	7 985.52	27.3
2022	42.3	384.31	1.3	5 468.97	18.5	8 040.86	27.2	7 035.76	23.8	8 632.10	29.2

数据来源：国家统计局发布的 2010—2022 年《全国农民工监测调查报告》。

改革开放之初，受农村劳动力整体教育水平的制约，农村外出劳动力的受教育程度普遍不高。有数据表明，20 世纪 90 年代初农村成年人受教育年限仅有 5.5 年[①]，农村外出劳动力的受教育程度虽优于劳动力总体，但优势有限。全国农村固定观察点 1994 年的调查显示，农村外出劳动力中，学历在小学及以下的人数占到 39.1%，初中文化程度的人数占 54.1%，高中及以上文化程度的人数占 9.8%。这些年来，随着农村义务教育政策的普及和落实，农村劳动力总体的文化程度得到了显著提升。据全国农村固定观察点监测，2003 年以来，农村劳动力的平均受教育年限由 7.0 年提高到 2018 年的 9.2 年。

从学历构成看，我国农民工文化程度呈现出结构性变动，其中相对低学历的

---

① 张小建. 中国农村劳动力就业与流动研究报告 [M]. 北京：中国劳动出版社，1999：28.

农民工数量增加但比例下降，而相对高学历的农民工数量与比例齐增。具体看，小学及以下学历的农民工人数由 2008 年的 4 756.36 万人下降到 2022 年的 4 168.24 万人，比例由 21.1% 下降到 14.1%。初中学历的农民工人数由 2008 年的 14 404.34 万人增加到 2022 年的 16 318.22 万人，比例由 63.9% 降至 55.2%。高中、大专及以上文化程度的农民工的比重均有所增加，其中大专及以上文化程度农民工的比重增加最快。其中，高中学历的农民工人数由 2008 年的 2 795.21 万人增至 2022 年的 5 025.54 万人，比例由 12.4% 增至 17.0%。大专及以上学历的农民工人数由 2008 年的 586.09 万人增至 2022 年的 4 049.99 万人，比例由 2.6% 增至 13.7%（表 2-9）。

表 2-9 改革开放以来农村外出劳动力文化程度的变化

年份	小学及以下		初中		高中		大专及以上	
	人数（万人）	比例（%）	人数（万人）	比例（%）	人数（万人）	比例（%）	人数（万人）	比例（%）
1994	—	39.1	—	54.1	—	9.8	—	—
2003	—	25.3	—	63.8	—	9.7	—	1.2
2008	4 756.36	21.1	14 404.34	63.9	2 795.21	12.4	586.09	2.6
2009	2 688.43	11.7	14 889.74	64.8	3 010.12	13.1	—	—
2010	3 294.33	13.6	14 824.48	61.2	3 633.45	15.0	1 065.81	4.4
2011	4 019.20	15.9	15 444.86	61.1	3 336.70	13.2	1 339.73	5.3
2012	4 149.24	15.8	15 887.91	60.5	3 492.71	13.3	1 496.88	5.7
2013	4 464.40	16.6	16 297.76	60.6	4 329.93	16.1	1 801.90	6.7
2014	4 355.81	15.9	16 519.19	60.3	4 520.91	16.5	1 999.84	7.3
2015	4 189.80	15.1	16 564.96	59.7	4 689.24	16.9	2 303.00	8.3
2016	4 000.28	14.2	16 733.57	59.4	4 789.07	17.0	2 648.07	9.4
2017	4 011.28	14.0	16 790.07	58.6	4 899.49	17.1	2 893.85	10.1
2018	4 815.61	16.7	16 090.49	55.8	4 786.78	16.6	3 143.12	10.9
2019	4 739.55	16.3	16 283.12	56.0	4 826.78	16.6	3 227.55	11.1
2020	4 483.92	15.7	15 822.24	55.4	4 769.52	16.7	3 484.32	12.2
2021	4 241.40	14.5	16 380.56	56.0	4 972.67	17.0	3 685.63	12.6
2022	4 168.24	14.1	16 318.22	55.2	5 025.54	17.0	4 049.99	13.7

数据来源：国家统计局发布的 2010—2022 年《农民工监测调查报告》。

随着国家实施《2003—2010 年全国农民工培训规划》，接受过技能培训的农村转移劳动力的比重也是逐年提升。2001 年，外出农民工中掌握了一定的专业技能、接受过技能培训的比例仅有 17.1%，2016 年接受农业和非农职业技能培训的农民工人数占比达到 32.9%。其中，接受非农职业技能培训的人数占比为 30.7%，接受过农业技能培训的人数占比为 8.7%，均与上年持平；农业和非农职业技能培训都参加过的人数占比为 6.5%，比上年提高 0.2 个百分点。外出农民工中接受过农业和非农职业技能培训的人数占比为 35.6%，比上年提高 0.2 个百分点。2020 年国务院政府工作报告中提出，资助以训稳岗，要在 2020 年和 2021 年两年职业技能培训 3 500 万人次以上，要使更多劳动者长技能、好就业。2020 年，人力资源和社会保障部实施了《农民工稳就业职业技能培训计划》，鼓励支持广大农民工参加职业技能培训。从培训效果看，自 2019 年起，组织实施职业技能提升行动，面向包括农民工在内的城乡各类劳动者，大规模开展职业技能培训。2019 年，共开展农民工各类补贴性培训近 750 万人次，贫困劳动力培训 259 万人次。2021 年，人力资源和社会保障部等四部门印发了《"十四五"职业技能培训规划》，指出 2018 年以来，我国已通过补贴性职业技能培训的方式，为 4 000 万人次农民工和 900 万贫困劳动力开展了培训，2021 年到 2025 年我国还将培训农民工 3 000 万人次以上。

此外，党中央、国务院还高度重视农村劳动力技能提升工作。农业农村部于 2015 年在全国范围内启动农民手机应用技能培训，从 2017 年起将农民手机应用技能培训作为为农民办的一项实事，连续三年举办全国农民手机应用技能培训周活动，编写系列培训资料，组织各地农业农村部门和有关企业，通过线上线下结合，采用农民喜闻乐见的方式，切实提高广大农民运用手机查询信息、网络营销、获取服务、便捷生活的能力，累计培训受众近 6 000 万人次。此外，农业农村部还注重充分发挥高校作为电商人才培养基地的作用。2019 年，农业农村部联合教育部启动实施"百万高素质农民学历提升行动计划"，重点面向农村"两委"班子成员、新型农业经营主体、乡村社会服务组织等，采取弹性学制和灵活多元的人才培养模式，完成高职招录农民学员 3.5 万人，培育一批留得住、用得上、干得好、带得动的乡村振兴带头人队伍。截至 2020 年底，农业农村部与教育部合作共建 8 所农业大学，与地方省部共建 17 所农业大学，围绕农业农村发展和现代农业转型升级需要，指导共建高校及时调整学科专业设置，加强涉农重点专业群建设，推动农业院校培养涉农人才。近年来，高层次涉农人才培养基本保持稳定并略有增长。

（3）新生代农民工已成为农村外出劳动力的主体，城市融入感持续提升。新生代普遍是指出生于1980年后的人口。随着时间的推移，越来越多的新生代人口进入劳动力市场，他们正在成为我国农村外出劳动力的主体。2016年我国新生代农村外出劳动力的比重达到54.3%。与上一代外出劳动力相比，新生代外出劳动力表现出以下主要特点。

一是文化素质相对较高，对职业技能素质教育更为重视。同上代农民工相比，新生代外出就业农民工的文化素质相对较高。2016年，新生代农民工的平均受教育年限为9.5年，比上代农民工的受教育年限高2.2年，其中有高中及以上文化程度的比例达到32%，显著高于上代农民工。同时，新生代外出就业农民工对职业技能教育更为看重，他们当中接受过职业培训的比例高出上代农民工1.2个百分点。这就表明新生代农民工已经不再满足于简单劳动，而是渴望走技能型发展道路。他们学习的主动性较强，调查显示近半数的人会利用业余时间读书或是参加在职培训，并且如果有免费的学习机会，绝大多数人都愿意主动参加；即使是自费学习，如果确实有需要，80%以上的人也明确表示愿意参加。

二是独生子女比重相对较高，首次外出年龄有低龄化趋势。新生代外出就业农民工中独生子女的比重相对较高，已占到12.5%，显著高于上代农民工，并且越是低年龄组比重越高，"90后"独生子女的比重比"80后"高近2个百分点。这种代际变化的直接影响就是新生代农民工从小受到父母更多的关爱，成长环境更为优越。调查显示，他们中会干农活的比例不足40%，相当一部分人尤其是"90后"从未下过地、务过农。成长环境的优越使得多数新生代外出就业农民工没有赚钱养家的压力，职业选择更为自由，他们不再像上代农民工那样进城后干脏活累活，而是看重有发展前途、工作环境好的工作。新生代农民工中在建筑业就业的比例下降就很好地说明了这一点。由于新生代农民工大多不会务农，因此越来越多的新生代农民工从学校毕业后直接选择进城务工，这就表现为他们首次外出就业年龄趋于低龄化。输入地调查显示，"80后"首次外出年龄平均为21.6岁，"90后"首次外出年龄平均为18.3岁，可以说，从校门到城市已较为普遍。

三是对城市生活有较高的认同感，外出动机多元化。目前，农民工对城市的归属感也逐渐增强。2022 年，进城农民工中 45.7％的人认为自己是所居住城市的"本地人"，比上年提高 4.2 个百分点。另外，进城农民工参加所在社区、工会组织的活动更加积极，在进城农民工中，34.9％参加过所在社区组织的活动，比上年提高 1.6 个百分点。对新生代外出就业农民工而言，赚钱虽然重要，但已不再是唯一目标，虽然有 50％以上的人表示增加收入是他们外出就业的主要动因，但仍有 30％以上的人表示，外出就业是为了长见识、学技术，还有 10％以上的人是不愿在家务农而外出。这就表明新生代农民工外出就业的动机已经多元化。这种动机多元化的背后实际上是他们对城市生活的认同与向往。上代外出农民工大多有浓厚的乡土情结，城市只是工作的地方，家乡才是他们的归宿。而新生代农民工有很大不同，超过 1/3 的人外出前就有过城市生活的经历，部分人就是生在城市长在城市，现代教育让他们对城市生活有了更多的了解，正是这种认同感促使着他们进城，并且渴望融入城市。

四是多数人未婚，已婚者更倾向于举家外出。新生代外出就业农民工中，已婚的比例在 30％左右，多数人还是未婚，这主要是因为他们相对年轻，平均年龄在 28 岁，还有相当部分的人未到法定结婚年龄。同上代农民工相比，已婚新生代农民工更注重家庭，传统的一方外出、一方留守的做法不再为多数人所接受，他们更倾向双方共同外出就业。根据输入地调查，已婚新生代农民工中夫妻一起外出就业的比例接近 70％，双方共同外出有助于增进夫妻感情，这已经成为新生代农民工在外就业的稳定器。尽管仍有近 60％的新生代农民工子女是留守儿童，但从被动留守到主动举家外出已成为新生代农民工外出就业的重要形式，调查显示，夫妻共同外出者中有 2/3 的人把孩子带在身边。根据全国教育事业发展统计公报，2018 年全国小学学龄儿童净入学率达到 99.95％，初中阶段毛入学率[①]100.9％。全国义务教育阶段在校生中农村留守儿童共 1 474.41 万人。其中，在小学就读的为 998.69 万人，在初中就读的为 475.72 万人（图 2-1），自 2013 年以来，6 年间全国义务教育阶段在校生中农村留守儿童数量整体呈下降趋势。6 年间累计下降 652.34 万人，下降的主体在初中阶段。

---

① 毛入学率，是指某一级教育不分年龄的在校学生总数占该级教育国家规定年龄组人口数的百分比。由于包含非正规年龄组（低龄或超龄）学生，毛入学率可能会超过 100％。

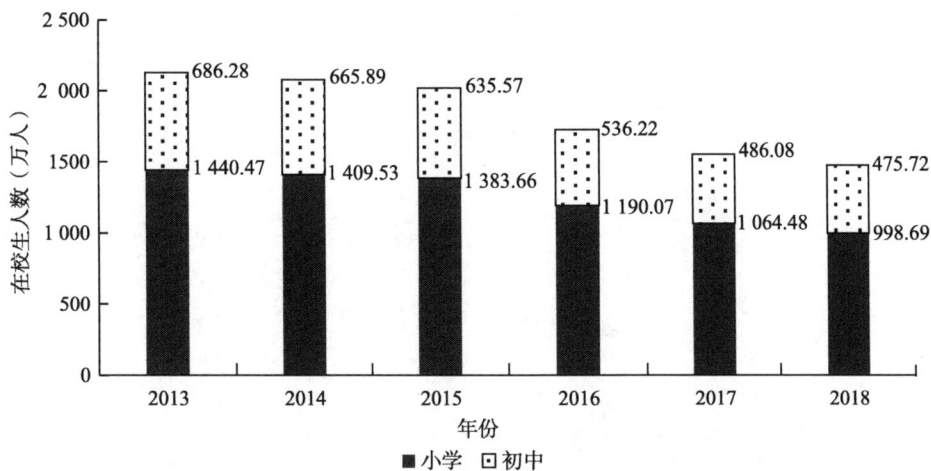

图 2-1 全国中小学农村留守儿童在校生人数

数据来源:《中国统计年鉴》。

第四节 农民工群体未来变动趋势预测

基于二次移动加权平均法与情景预测模型,本节对我国农民工高质量就业在规模、年龄、学历、收入等方面的关键指标进行预测,以期提供政策参考。

一、预测模型选择

移动平均预测采用逐项递进的办法将时间序列中的若干项数据进行算术平均,得到一系列平均数,并利用这种移动平均数来预测未来数值。移动平均预测法按一定的平均项数滑动着对时间序列求一系列平均值(也叫平滑值),这些平均值不仅能消除或减弱时间序列中的不规则变动,而且能揭示现象的变化趋势,所以移动平均法在短期预测中有着广泛的应用,本节也将用该方法对农民工数量、年龄、学历、收入做一个预测,以反映我国农民工未来的发展趋势。考虑到农民工数量、年龄、学历、收入并非水平趋势的时间序列,而是有着明确上升(或下降)趋势,因此不适合用一次移动平均法来做预测,而是用二次移动平均法(图 2-2、图 2-3)。所以本节采用二次移动平均法是比较合理的。本节主要使用二次移动平均法对我国中长期农民工就业规模、年龄与学历结构、收入水平进行预测。

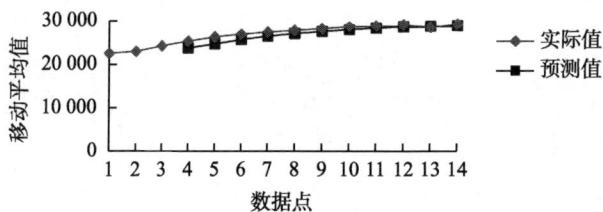

图 2-2　一次移动平均后的拟合值

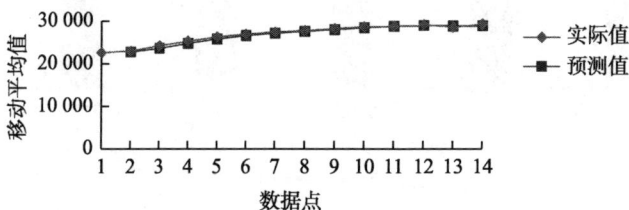

图 2-3　二次移动平均后的拟合值

二次移动平均预测是指先对时间序列进行 N 项移动平均，平均的结果称为一次移动平均值，记为 $M_t^{(1)}$；再对一次移动平均值序列 $M_t^{(1)}$ 进行 N 项移动平均，平均的结果称为二次移动平均值，记为 $M_t^{(2)}$；然后根据两次移动平均值建立预测模型进行预测。两次移动平均值一般都采用简单算术平均法来计算。其计算公式为：

$$M_t^{(1)} = \frac{y_t + y_{t-1} + \cdots + y_{t-N+1}}{N}$$

$$M_t^{(2)} = \frac{M_t^{(1)} + M_{t-1}^{(1)} + \cdots + M_{t-N+1}^{(1)}}{N}$$

利用两次移动平均值可建立如下的线性预测模型：

$$\hat{y}_{t+T} = a_t + b_t$$

$$a_t = 2M_t^{(1)} - M_t^{(2)}$$

$$b_t = \frac{2}{N-1}(M_t^{(1)} - M_t^{(2)})$$

由于使用两次移动加权平均法进行预测时，并未纳入未来宏观环境和政策等因素的影响，因此该预测仍然存在较大的误差。本节将基于学者提出的"情景企划"法（scenario planning），对预测的农民工就业指标做进一步的调整。经济学视角下的"情景企划"法，对经济发展的重大演变提出各种"假设"，通过对未来详细地、严密地推理以构想未来各种可能的方案。"情景企划"法的基本观点是未来充满不确定性，其要义就是用多种假设取代一种假设，因此预测的结果也将具有多维性，其基本框架如图2-4所示。

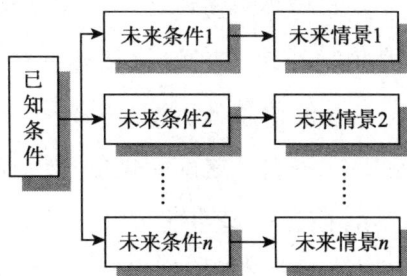

图2-4　情景企划的基本框架

为全面反映农民工各类指标可能存在的变数，本节引入情景企划法，对我国农民工增长所处的宏观环境进行分析，识别影响其发展的内外部主要因素，对"十三五"后期和"十四五"时期我国经济形势的前景进行模拟分析，分别给出基准增长情景、乐观增长情景、悲观（风险）增长情景下我国农民工指标变化的结果。

基于对我国农民工所面临的宏微观形势变化的情景假设进行组合，我们可以确定如图2-5所示的几种预测方案。当我国农民工面临的国内、国际形势同时出现乐观变化时，就有可能带来最好的"乐观情景"（第Ⅰ象限）；当我国农民工面临的国际形势处于乐观情形，而国内形势处于悲观情形时，就有可能发生"基准情景"（第Ⅱ象限）；当我国农民工面临的国际形势处于悲观情形，而国内形势处于乐观情形时，就有可能发生"基准情景"（第Ⅳ象限）；当我国农民工面临的国际形势处于悲观情形，而国内形势同时也处于悲观情形时，就有可能发生最坏的"悲观情景"（第Ⅲ象限）。

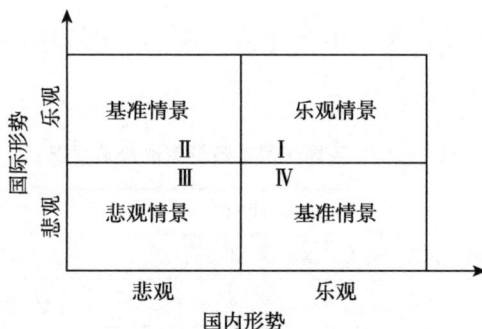

图2-5　预测情景设定

　　由于使用二次移动平均法来预测农民工就业指标时假定国际与国内的主要因素（包括人口和劳动力、自然资源、出口和技术进步、产业结构、需求结构、全要素生产率等）继续沿着过去的趋势而变化，不考虑经济波动以及宏观政策变化等"扰动"因素的影响，因此它反映了在政策和外部环境不发生重大变化情况下，经济发展的可能状况。本节的情景分析就是要进一步考虑宏观环境对我国农民工就业发展可能产生的影响。我们将之前所做的预测作为基准情形，为其他情景提供可比较的参照系。然后在这一基准情景的基础上，再分别增、减 2% 左右，得到乐观情景和悲观情景下中长期我国农民工高质量就业的预测值。

　　农民工总体规模趋于稳定，就业将以本地为主。根据课题组测算，我国农民工总量增长的趋势已基本结束。当前，我国农村外出就业劳动力的增速已持续减缓，虽然仍保持正的增长速度，但年均新增数量的绝对值也已持续下降，可以说，改革开放以来，农村外出就业劳动力持续较快增长的趋势已基本结束，这种趋势性变化的一个重要特征就是农村外出就业劳动力增速自 2010 年起已连续 5 年回落，年度新增农村外出就业人员数量也从 700 万人降至 200 万人左右。预计未来农村外出就业劳动力总量将进入低速增长期，增速维持在 1% 左右。主要依据就是我国当前人口结构已经出现变化，劳动力供给总量已开始下降。根据第 6 次人口普查的数据，2015—2020 年，我国乡村年均新进入劳动年龄人口数量不到 800 万人，比 2009—2014 年进入劳动年龄的人口数年均少 100 万人，比 2003—2008 年进入劳动年龄的人口数年均少 300 万人，劳动年龄人口基数的大幅下降必然会制约外出就业劳动力的新增数量。此外，随着经济社会发展，农村适龄劳动力接受教育的时间正逐步延长，这就推迟了他们进入劳动力市场的时间，从而降低了总体的劳动参与率。另外，从本地与外出农民工增长率的数据看，自 2011 年后，本地农民工增长率大多高于外出就业的农民工，说明农民工就业将以本地为主（表 2-10）。

表 2-10　我国农民工数量变动趋势情况

年份	农民工		外出农民工			本地农民工		
	人数（万人）	增长率（%）	人数（万人）	增长率（%）	比例（%）	人数（万人）	增长率（%）	比例（%）
2008	22 542	—	14 041	—	62.29	8 501	—	37.71
2009	22 978	2.1	14 533	3.5	63.25	8 445	−0.7	36.75
2010	24 223	5.4	15 335	5.5	63.31	8 888	5.2	36.69

（续）

年份	农民工		外出农民工			本地农民工		
	人数（万人）	增长率（%）	人数（万人）	增长率（%）	比例（%）	人数（万人）	增长率（%）	比例（%）
2011	25 278	4.4	15 863	3.4	62.75	9 415	5.9	37.25
2012	26 261	3.9	16 336	3.0	62.21	9 925	5.4	37.79
2013	26 894	2.4	16 610	1.7	61.76	10 284	3.6	38.24
2014	27 395	1.9	16 821	1.3	61.40	10 574	2.8	38.60
2015	27 747	1.3	16 884	0.4	60.85	10 863	2.7	39.15
2016	28 171	1.5	16 934	0.3	60.11	11 237	3.4	39.89
2017	28 652	1.7	17 185	1.5	59.98	11 467	2.0	40.02
2018	28 836	0.6	17 266	0.5	59.88	11 570	0.9	40.12
2019	29 077	0.8	17 425	0.9	59.93	11 652	0.7	40.07
2020	28 560	−1.8	16 959	−2.7	59.38	11 601	−0.4	40.62
2021	29 251	2.4	17 172	1.3	58.71	12 079	4.1	41.29
2022	29 562	1.1	17 190	0.1	58.14	12 372	2.4	41.85

数据来源：国家统计局发布的 2010—2022 年《农民工监测调查报告》。

　　课题组经过详细论证发现，我国农民工外出就业的势头不会逆转。未来一段时期，我国农村劳动力外出就业的势头仍将继续，但增速将大大放缓，总量以稳为主，新老农民工自然交替将成为主流。使用二次移动平均法与情景企划法进行计算，中长期我国农民工总数、外出与本地就业的农民工总数预测值见表 2-11至表 2-13。

表 2-11　不同情景设定下全国农民工总数预测值调整区间

单位：万人

年份	乐观情景调整区间		基准情景调整区间		悲观情景调整区间	
	低	高	低	高	低	高
2025	29 331.70	29 533.85	28 814.78	28 941.84	28 225.66	28 419.15
2030	29 404.88	29 607.02	28 818.69	28 934.20	28 148.76	28 342.23
2035	29 350.08	29 552.21	28 807.20	28 945.81	28 203.68	28 397.15
2040	29 309.65	29 511.78	28 830.30	28 922.70	28 255.66	28 449.13
2045	29 329.86	29 532.00	28 827.41	28 925.59	28 235.44	28 428.91
2050	29 404.94	29 607.08	28 830.30	28 922.70	28 143.04	28 336.51

表 2-12　不同情景设定下全国外出就业农民工预测值调整区间

单位：万人

年份	乐观情景调整区间		基准情景调整区间		悲观情景调整区间	
	低	高	低	高	低	高
2025	17 373.58	17 493.32	17 067.40	17 142.66	16 718.46	16 833.06
2030	17 420.82	17 540.58	17 073.53	17 141.96	16 676.63	16 791.26
2035	17 388.23	17 507.98	17 066.61	17 148.72	16 709.06	16 823.68
2040	17 364.28	17 484.04	17 080.29	17 135.04	16 739.85	16 854.47
2045	17 376.26	17 496.01	17 078.58	17 136.75	16 727.88	16 842.50
2050	17 420.74	17 540.49	17 080.29	17 135.04	16 673.13	16 787.75

表 2-13　不同情景设定下全国本地就业农民工预测值调整区间

单位：万人

年份	乐观情景调整区间		基准情景调整区间		悲观情景调整区间	
	低	高	低	高	低	高
2025	11 958.12	12 040.53	11 747.38	11 799.18	11 507.21	11 586.09
2030	11 984.06	12 066.44	11 745.16	11 792.23	11 472.12	11 550.97
2035	11 961.85	12 044.23	11 740.59	11 797.08	11 494.62	11 573.47
2040	11 945.37	12 027.75	11 750.00	11 787.66	11 515.80	11 594.65
2045	11 953.60	12 035.99	11 748.83	11 788.84	11 507.57	11 586.42
2050	11 984.20	12 066.58	11 750.00	11 787.66	11 469.90	11 548.76

首先，新生代外出就业意愿强烈。从农民工自身而言，新生代农民工已成为外出就业的主力军。他们渴望走出农村、融入城市的愿望十分强烈。在我国城镇化加速推进的大背景下，外出就业已成为农村新生代劳动力的首选。其次，新增就业岗位有保证。虽然当前经济增长下行压力大，但近年来就业弹性逐步回升，尤其是第三产业吸纳就业的能力显著增强，两相抵消，每年新增就业岗位可以有保证。最后，现代农业发展有助于推动富余劳动力外出就业。当前，我国农村土地流转逐步加快，规模经营主体不断涌现，农业吸纳劳动力数量将逐步下降，这有助于进一步推动富余劳动力向非农产业、城镇转移就业。

二、农民工年龄与学历仍有上升空间

全国农民工平均年龄不断攀升，受教育程度有限。一方面，农民工群体正在不断变老，51 岁及以上农民工占比由 2008 年的 11.4% 升至 2022 年的 29.2%（图 2-6），十几年提高十余个百分点，而劳动能力随年龄增长势必出现下滑，因此雇主在做出雇佣选择时会更为慎重。另一方面，随着我国经济转向高质量发展阶段，城市多数岗位对从业人员知识水平的要求上升，因此受教育程度有限的农民工在城市的就业机会减少，不得不返回家乡。从 2017 年的数据看，未上过学、初中与高中学历的本地农民工与外出农民工所占比例的差距较小，维持在 1% 以内。其中，未上过学的本地农民工的比例较外出农民工高 0.6 个百分点，初中学历的本地农民工的比例较外出农民工低 0.3 个百分点，高中学历的本地农民工的比例较外出农民工低 0.5 个百分点。而小学与大专及以上学历的本地农民工与外出农民工的比例差异较大。其中，小学学历的本地农民工的比例较外地农民工高出 6.3 个百分点，大专及以上学历的本地农民工的比例较外地农民工低 6.1 个百分点（图 2-7）。因此，我国外出农民工较本地农民工具有较强的学历优势。使用二次移动平均法与情景企划法计算，中长期我国农民工平均年龄预测值及各年龄段农民工数量与比例预测值分别见表 2-14 至表 2-19。

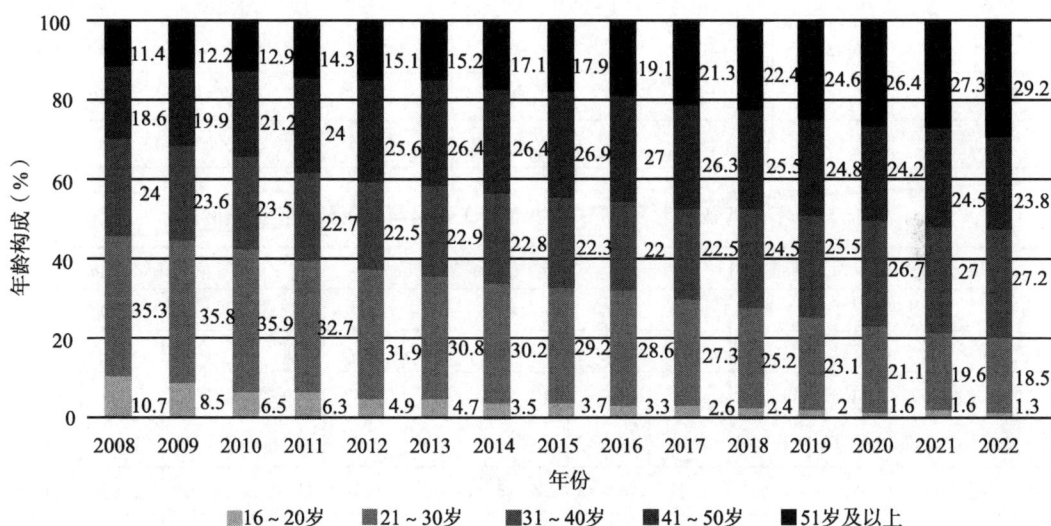

图 2-6　2008—2022 年农民工年龄构成变化情况

数据来源：国家统计局发布的 2009—2022 年《全国农民工监测调查报告》。

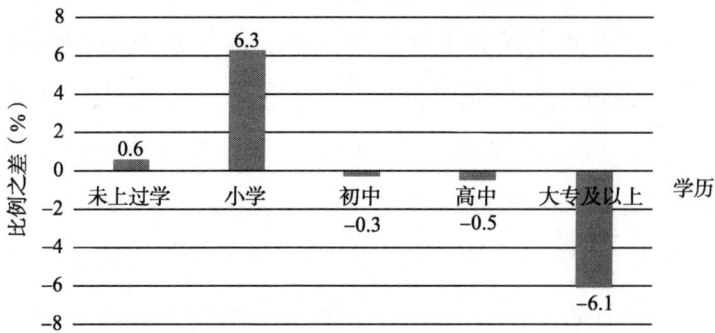

图 2-7 2017年本地农民工与外出农民工受教育程度比例之差

数据来源：国家统计局发布的 2009—2022 年《全国农民工监测调查报告》。

表 2-14 不同情景设定下全国农民工平均年龄预测值调整区间

单位：岁

年份	乐观情景调整区间		基准情景调整区间		悲观情景调整区间	
	低	高	低	高	低	高
2025	42.06	42.35	41.32	41.50	40.47	40.75
2030	42.16	42.45	41.32	41.48	40.36	40.63
2035	42.08	42.37	41.30	41.50	40.44	40.71
2040	42.02	42.31	41.33	41.47	40.51	40.79
2045	42.05	42.34	41.33	41.47	40.48	40.76
2050	42.16	42.45	41.33	41.47	40.35	40.63

表 2-15 不同情景设定下 16～20 岁农民工数量与比例预测值调整区间

年份	乐观情景调整区间				基准情景调整区间				悲观情景调整区间			
	数量（万人）		比例（%）		数量（万人）		比例（%）		数量（万人）		比例（%）	
	低	高	低	高	低	高	低	高	低	高	低	高
2025	487.77	491.13	1.69	1.70	479.17	481.28	1.66	1.67	469.37	472.59	1.62	1.64
2030	490.26	493.63	1.70	1.71	480.48	482.41	1.66	1.67	469.31	472.54	1.62	1.64
2035	489.3	492.67	1.69	1.71	480.25	482.56	1.66	1.67	470.19	473.42	1.63	1.64
2040	488.63	492.00	1.69	1.70	480.64	482.18	1.66	1.67	471.06	474.28	1.63	1.64
2045	488.97	492.34	1.69	1.70	480.59	482.23	1.66	1.67	470.72	473.95	1.63	1.64
2050	490.22	493.59	1.7	1.71	480.64	482.18	1.66	1.67	469.18	472.41	1.62	1.64

表 2-16 不同情景设定下 21～30 岁农民工数量与比重预测值调整区间

年份	乐观情景调整区间				基准情景调整区间				悲观情景调整区间			
	数量（万人）		比例（%）		数量（万人）		比例（%）		数量（万人）		比例（%）	
	低	高	低	高	低	高	低	高	低	高	低	高
2025	6 128.09	6 170.32	21.22	21.37	6 020.09	6 046.64	20.85	20.94	5 897.01	5 937.43	20.42	20.56
2030	6 154.53	6 196.84	21.32	21.46	6 031.84	6 056.02	20.89	20.98	5 891.62	5 932.12	20.41	20.55
2035	6 142.71	6 185.02	21.28	21.42	6 029.10	6 058.10	20.88	20.98	5 902.78	5 943.28	20.45	20.59
2040	6 134.26	6 176.57	21.25	21.39	6 033.94	6 053.28	20.90	20.97	5 913.67	5 954.16	20.48	20.62
2045	6 138.49	6 180.80	21.26	21.41	6 033.34	6 053.88	20.90	20.97	5 909.44	5 949.93	20.47	20.61
2050	6 154.21	6 196.51	21.32	21.46	6 033.94	6 053.28	20.90	20.97	5 890.1	5 930.59	20.4	20.54

表 2-17 不同情景设定下 31～40 岁农民工数量与比重预测值调整区间

年份	乐观情景调整区间				基准情景调整区间				悲观情景调整区间			
	数量（万人）		比例（%）		数量（万人）		比例（%）		数量（万人）		比例（%）	
	低	高	低	高	低	高	低	高	低	高	低	高
2025	7 806.83	7 860.63	27.03	27.22	7 669.25	7 703.06	26.56	26.67	7 512.45	7 563.95	26.01	26.19
2030	7 821.53	7 875.29	27.09	27.27	7 665.60	7 696.33	26.55	26.65	7 487.4	7 538.87	25.93	26.11
2035	7 807.10	7 860.87	27.04	27.22	7 662.69	7 699.56	26.54	26.66	7 502.16	7 553.62	25.98	26.16
2040	7 796.34	7 850.11	27.00	27.19	7 668.83	7 693.41	26.56	26.64	7 515.98	7 567.44	26.03	26.21
2045	7 801.72	7 855.48	27.02	27.20	7 668.06	7 694.18	26.55	26.65	7 510.6	7 562.07	26.01	26.19
2050	7 821.69	7 875.45	27.09	27.27	7 668.83	7 693.41	26.56	26.64	7 486.02	7 537.49	25.92	26.10

表 2-18 不同情景设定下 41～50 岁农民工数量与比重预测值调整区间

年份	乐观情景调整区间				基准情景调整区间				悲观情景调整区间			
	数量（万人）		比例（%）		数量（万人）		比例（%）		数量（万人）		比例（%）	
	低	高	低	高	低	高	低	高	低	高	低	高
2025	7 156.6	7 205.92	24.78	24.95	7 030.48	7 061.48	24.34	24.45	6 886.74	6 933.95	23.85	24.01
2030	7 175.41	7 224.73	24.85	25.02	7 032.36	7 060.55	24.35	24.45	6 868.88	6 916.10	23.79	23.95
2035	7 162.00	7 211.33	24.8	24.97	7 029.53	7 063.35	24.34	24.46	6 882.26	6 929.47	23.83	23.99
2040	7 152.14	7 201.46	24.77	24.94	7 035.17	7 057.72	24.36	24.44	6 894.94	6 942.15	23.88	24.04
2045	7 157.07	7 206.40	24.78	24.95	7 034.46	7 058.42	24.36	24.44	6 890.01	6 937.22	23.86	24.02
2050	7 175.39	7 224.72	24.85	25.02	7 035.17	7 057.72	24.36	24.44	6 867.46	6 914.67	23.78	23.94

表 2-19　不同情景设定下 51 岁及以上农民工数量与比重预测值调整区间

年份	乐观情景调整区间				基准情景调整区间				悲观情景调整区间			
	数量（万人）		比例（%）		数量（万人）		比例（%）		数量（万人）		比例（%）	
	低	高	低	高	低	高	低	高	低	高	低	高
2025	7 752.42	7 805.85	26.84	27.03	7 615.8	7 649.38	26.37	26.49	7 460.09	7 511.23	25.83	26.01
2030	7 763.16	7 816.52	26.88	27.07	7 608.4	7 638.89	26.35	26.45	7 431.53	7 482.61	25.73	25.91
2035	7 748.96	7 802.33	26.83	27.02	7 605.63	7 642.22	26.34	26.46	7 446.29	7 497.37	25.78	25.96
2040	7 738.28	7 791.64	26.8	26.98	7 611.72	7 636.12	26.36	26.44	7 460.00	7 511.08	25.83	26.01
2045	7 743.61	7 796.98	26.81	27.00	7 610.96	7 636.88	26.36	26.44	7 454.67	7 505.75	25.81	25.99
2050	7 763.43	7 816.80	26.88	27.07	7 611.72	7 636.12	26.36	26.44	7 430.27	7 481.35	25.73	25.91

三、农民工收入水平不断提升，但城乡差距不断拉大

收入低、不富裕绝不是现代化的题中应有之义。1978 年我国农村居民人均可支配收入仅为 133.6 元，2022 年增长至 20 133 元，年平均增长约 10%。同期，城乡居民收入差距一直在扩大。2008 年城乡居民可支配收入差超过 10 000 元，2016 年差距突破 20 000 元，到 2022 年达到 49 283 元。从收入比来看，2022 年我国城乡居民收入比为 2.4:1。按收入五等分分组，2022 年城乡低收入组、中等偏下收入组、中间收入组、中等偏上收入组以及高收入组的人均可支配收入比值分别为 3.4、2.6、2.5、2.5 和 2.3，低收入组城乡居民收入差距最大。从收入结构来看，我国农民的工资性收入占比趋于增加，2022 年达到 41.9%。城镇居民工资性收入占人均收入的比例保持在 60% 以上，比较符合现代经济发展的基本特征。相较之下，农村居民工资性收入占比明显偏低。农民财产性收入占比长期低于 3%，2022 年农民财产性收入只有 509 元，不及同期城市居民财产性收入的零头，反映出农民拥有的要素市场化程度明显滞后，这成为农民分享经济现代化成果的最大短板。

工资收入是农民工就业质量最重要的维度，工资收入的高低直接反映着农民工就业质量的高低。近年来，党中央、国务院高度重视农民工工资问题，出台了一系列政策措施改善农民工工资被克扣、拖欠现象，合理提升农民工工资水平，维护农民工权益。2006 年，国务院出台《国务院关于解决农民工问题的若干意见》，提出要"规范农民工工资管理，切实改变农民工工资偏低、同工不同酬的

状况"。2014 年，国务院出台《关于进一步做好为农民工服务工作的意见》，提出要"在经济发展基础上合理调整最低工资标准，推动农民工参与工资集体协商，促进农民工工资水平合理增长"。2017 年，时任国务院总理李克强在政府工作报告中提出要"锲而不舍解决好农民工工资拖欠问题，决不允许他们的辛勤付出得不到应有回报"。

上述政策措施在全国各地得到认真落实，农民工工资收入得到较为明显的提升。2008—2022 年，农民工月均收入逐年增长，从 2008 年的 1 340 元增加到 2022 年的 4 615 元，增长 244.40%，年平均增长率为 8.59%（图 2-8）。因此，从月均收入这一维度来看，农民工就业质量有了较为明显的提升。然而，不容忽视的是，尽管农民工月均收入取得较为明显的提升，但是农民工月均收入与城镇职工相比还存在较大差距。据统计，2022 年农民工月均收入为 4 615 元，而城镇职工工资收入为 8 760 元，后者约为前者的 1.90 倍。究其原因，由于我国城市劳动力市场存在制度性分割，农民工大多就业于非正规部门。这种制度性分割使农民工和城镇职工各自形成了不同的工资决定机制。农民工的工资是由劳动力市场的需求方，即雇主和用人单位决定的，农民工处于弱势地位。因此，与城镇职工相比，农民工工资收入偏低。使用二次移动平均法与情景企划法计算，中长期我国农民工月平均收入预测情况见表 2-20。

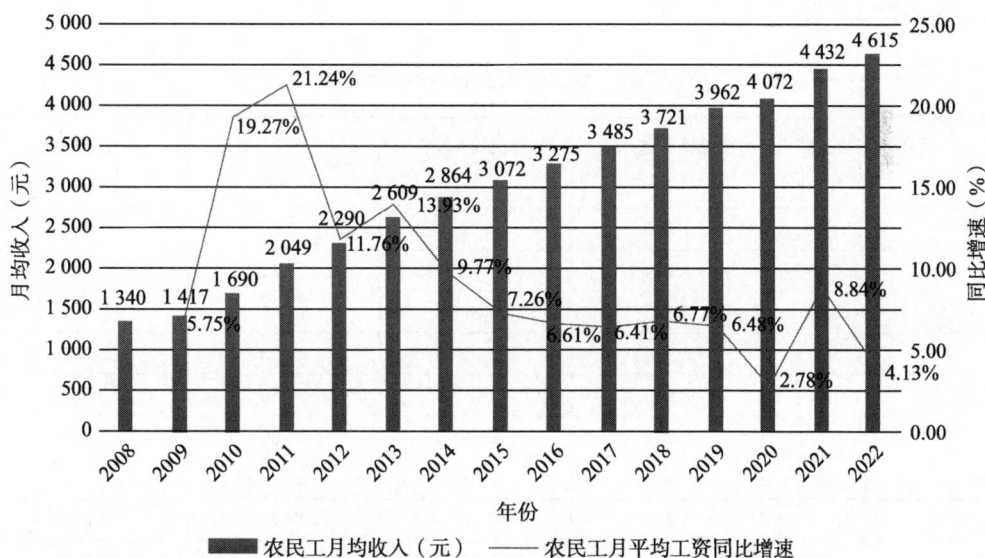

图 2-8 2008—2022 年农民工工资及增长率

数据来源：国家统计局发布的 2009—2022 年《农民工监测调查报告》。

表 2-20 不同情景设定下农民工月平均收入预测值调整区间

单位：元

年份	乐观情景调整区间		基准情景调整区间		悲观情景调整区间	
	低	高	低	高	低	高
2025	4 244.17	4 273.42	4 169.37	4 187.76	4 084.13	4 112.12
2030	4 249.89	4 279.10	4 165.17	4 181.86	4 068.34	4 096.30
2035	4 242.12	4 271.34	4 163.65	4 183.69	4 076.42	4 104.39
2040	4 236.27	4 265.49	4 166.99	4 180.34	4 083.93	4 111.90
2045	4 239.19	4 268.41	4 166.57	4 180.76	4 081.01	4 108.97
2050	4 250.04	4 279.26	4 166.99	4 180.34	4 067.66	4 095.62

值得注意的是，农民工工资收入呈现出较为明显的行业差异和区域差异。分行业来看，2022 年建筑业农民工工资收入最高（5 358 元），交通运输仓储邮政业农民工工资收入为 5 301 元，制造业农民工工资收入为 4 615 元，服务业与住宿餐饮业相对较低，分别为 3 874 元和 3 824 元。就不同行业农民工工资收入增速而言，2021 年制造业农民工工资收入增速相对较高（10.1%）；服务业与建筑业农民工收入增速位列其次，分别为 9.5%、9.4%；住宿餐饮业、交通运输仓储邮政业农民工工资收入增速则相对较低，分别为 8.3% 和 7.0%（表 2-21）。使用二次移动平均法与情景企划法计算，中长期我国农民工分行业月平均收入情况分别见表 2-22 至表 2-26。

表 2-21 农民工工资收入的行业差异

年份	交通运输仓储邮政业收入（元）	建筑业收入（元）	服务业收入（元）	住宿餐饮业收入（元）	制造业收入（元）
2009	1 671	1 625	1 276	1 264	1 331
2010	1 956	1 946	1 520	1 511	1 582
2011	2 485	2 382	1 826	1 807	1 920
2012	2 735	2 654	2 058	2 100	2 130
2013	3 133	2 965	2 297	2 366	2 537
2014	3 301	3 292	2 532	2 566	2 832
2015	3 553	3 508	2 686	2 723	2 970
2016	3 775	3 687	2 851	2 872	3 233
2017	4 048	3 918	3 022	3 019	3 444
2018	4 345	4 209	3 202	3 148	3 732
2019	4 667	4 567	3 337	3 289	3 958

（续）

年份	交通运输仓储邮政业收入（元）	建筑业收入（元）	服务业收入（元）	住宿餐饮业收入（元）	制造业收入（元）
2020	4 814	4 699	3 387	3 358	4 096
2021	5 151	5 141	3 710	3 638	4 508
2022	5 301	5 358	3 874	3 824	4 615

数据来源：国家统计局发布的2009—2022年《农民工监测调查报告》。

表2-22 不同情景设定下交通运输仓储邮政业农民工月平均收入预测值调整区间

单位：元

年份	乐观情景调整区间		基准情景调整区间		悲观情景调整区间	
	低	高	低	高	低	高
2025	4 983.91	5 018.26	4 896.08	4 917.67	4 795.98	4 828.86
2030	4 991.38	5 025.69	4 891.87	4 911.48	4 778.15	4 810.99
2035	4 982.23	5 016.54	4 890.07	4 913.60	4 787.63	4 820.47
2040	4 975.36	5 009.67	4 893.99	4 909.68	4 796.44	4 829.29
2045	4 978.79	5 013.10	4 893.50	4 910.17	4 793.01	4 825.85
2050	4 991.54	5 025.85	4 893.99	4 909.68	4 777.33	4 810.17

表2-23 不同情景设定下建筑业农民工月平均收入预测值调整区间

单位：元

年份	乐观情景调整区间		基准情景调整区间		悲观情景调整区间	
	低	高	低	高	低	高
2025	4 906.15	4 939.96	4 819.69	4 840.94	4 721.15	4 753.51
2030	4 912.43	4 946.20	4 814.50	4 833.79	4 702.58	4 734.90
2035	4 903.46	4 937.23	4 812.76	4 835.92	4 711.93	4 744.26
2040	4 896.70	4 930.47	4 816.61	4 832.05	4 720.61	4 752.93
2045	4 900.08	4 933.85	4 816.13	4 832.53	4 717.23	4 749.56
2050	4 912.62	4 946.39	4 816.61	4 832.05	4 701.80	4 734.12

表2-24 不同情景设定下服务业农民工月平均收入预测值调整区间

单位：元

年份	乐观情景调整区间		基准情景调整区间		悲观情景调整区间	
	低	高	低	高	低	高
2025	3 545.02	3 569.45	3 482.54	3 497.90	3 411.34	3 434.72
2030	3 550.01	3 574.41	3 479.24	3 493.18	3 398.36	3 421.72

（续）

年份	乐观情景调整区间		基准情景调整区间		悲观情景调整区间	
	低	高	低	高	低	高
2035	3 543.51	3 567.92	3 477.97	3 494.70	3 405.11	3 428.46
2040	3 538.63	3 563.03	3 480.76	3 491.91	3 411.38	3 434.74
2045	3 541.07	3 565.47	3 480.41	3 492.26	3 408.94	3 432.30
2050	3 550.13	3 574.54	3 480.76	3 491.91	3 397.78	3 421.14

表 2-25 不同情景设定下住宿餐饮业农民工月平均收入预测值调整区间

单位：元

年份	乐观情景调整区间		基准情景调整区间		悲观情景调整区间	
	低	高	低	高	低	高
2025	3 497.53	3 521.64	3 435.89	3 451.04	3 365.65	3 388.72
2030	3 502.67	3 526.74	3 432.84	3 446.60	3 353.04	3 376.08
2035	3 496.25	3 520.33	3 431.58	3 448.09	3 359.69	3 382.74
2040	3 491.43	3 515.51	3 434.33	3 445.34	3 365.88	3 388.92
2045	3 493.84	3 517.92	3 433.99	3 445.68	3 363.47	3 386.52
2050	3 502.78	3 526.86	3 434.33	3 445.34	3 352.46	3 375.51

表 2-26 不同情景设定下制造业农民工月平均收入预测值调整区间

单位：元

年份	乐观情景调整区间		基准情景调整区间		悲观情景调整区间	
	低	高	低	高	低	高
2025	4 282.25	4 311.77	4 206.79	4 225.34	4 120.78	4 149.03
2030	4 287.20	4 316.67	4 201.73	4 218.57	4 104.06	4 132.27
2035	4 279.39	4 308.86	4 200.23	4 220.44	4 112.24	4 140.45
2040	4 273.49	4 302.96	4 203.60	4 217.07	4 119.81	4 148.02
2045	4 276.44	4 305.91	4 203.18	4 217.49	4 116.86	4 145.07
2050	4 287.38	4 316.85	4 203.6	4 217.07	4 103.39	4 131.60

分地区来看，2022年，在东部地区务工的农民工工资收入最高，为5 001元；在中部地区务工的农民工工资收入为4 386元；在西部地区务工的农民工工资收入为4 238元（表2-27）。这意味着，农民工工资收入呈现出较为明显的区域差异。究其原因，地区间经济发展水平的差异是导致不同地区农民工工资收入存在差异的主要原因，东部地区经济发展水平明显高于其他地区，因此在东部地

区务工的农民工工资收入最高。从不同地区农民工工资收入增长率来看，2021年，在东部地区务工的农民工工资收入增长率为10.0%，在中部地区务工的农民工工资收入增长率为8.8%，在西部地区务工的农民工工资收入增长率为7.1%。使用二次移动平均法与情景企划法计算，中长期我国农民工分地区月平均收入预测情况见表2-28至表2-30。

表2-27　农民工工资收入的地区差异

年份	农民工月平均收入工资（元）	分地区农民工月平均收入		
		东部收入（元）	中部收入（元）	西部收入（元）
2008	1 340	1 352	1 276	1 275
2009	1 417	1 422	1 350	1 378
2010	1 690	1 696	1 632	1 643
2011	2 049	2 053	2 006	1 990
2012	2 290	2 286	2 257	2 226
2013	2 609	2 693	2 534	2 551
2014	2 864	2 966	2 761	2 797
2015	3 072	3 213	2 918	2 964
2016	3 275	3 454	3 132	3 117
2017	3 485	3 677	3 331	3 350
2018	3 721	3 955	3 568	3 522
2019	3 962	4 222	3 794	3 723
2020	4 072	4 351	3 886	3 808
2021	4 432	4 787	4 205	4 078
2022	4 615	5 001	4 386	4 238

资料来源：国家统计局发布的2009—2022年《农民工监测调查报告》。

表2-28　不同情景设定下东部地区农民工月平均收入预测值调整区间

单位：元

年份	乐观情景调整区间		基准情景调整区间		悲观情景调整区间	
	低	高	低	高	低	高
2025	4 551.07	4 582.43	4 470.86	4 490.58	4 379.45	4 409.48
2030	4 556.54	4 587.86	4 465.70	4 483.60	4 361.89	4 391.87
2035	4 548.23	4 579.55	4 464.10	4 485.58	4 370.58	4 400.56
2040	4 541.96	4 573.28	4 467.67	4 481.99	4 378.62	4 408.61

（续）

年份	乐观情景调整区间		基准情景调整区间		悲观情景调整区间	
	低	高	低	高	低	高
2045	4 545.09	4 576.41	4 467.23	4 482.44	4 375.49	4 405.47
2050	4 556.72	4 588.05	4 467.67	4 481.99	4 361.17	4 391.15

表 2 - 29　不同情景设定下中部地区农民工月平均收入预测值调整区间

单位：元

年份	乐观情景调整区间		基准情景调整区间		悲观情景调整区间	
	低	高	低	高	低	高
2025	4 043.79	4 071.66	3 972.52	3 990.04	3 891.30	3 917.98
2030	4 049.64	4 077.48	3 968.91	3 984.82	3 876.65	3 903.29
2035	4 042.23	4 070.07	3 967.46	3 986.55	3 884.34	3 910.99
2040	4 036.65	4 064.49	3 970.64	3 983.36	3 891.49	3 918.14
2045	4 039.44	4 067.28	3 970.24	3 983.76	3 888.71	3 915.36
2050	4 049.78	4 077.62	3 970.64	3 983.36	3 875.98	3 902.63

表 2 - 30　不同情景设定下西部地区农民工月平均收入预测值调整区间

单位：元

年份	乐观情景调整区间		基准情景调整区间		悲观情景调整区间	
	低	高	低	高	低	高
2025	3 948.57	3 975.78	3 878.98	3 896.08	3 799.67	3 825.72
2030	3 954.79	3 981.98	3 875.95	3 891.49	3 785.85	3 811.87
2035	3 947.53	3 974.72	3 874.52	3 893.16	3 793.34	3 819.37
2040	3 942.09	3 969.28	3 877.62	3 890.05	3 800.33	3 826.35
2045	3 944.81	3 972.00	3 877.23	3 890.44	3 797.61	3 823.63
2050	3 954.91	3 982.09	3 877.62	3 890.05	3 785.18	3 811.21

此外，不同流动范围的农民工工资收入同样呈现出一定差异。具体而言，2022 年，外出务工的农民工月工资收入为 5 240 元，本地务工的农民工月工资收入为 4 026 元，后者仅相当于前者的 76.83%，这意味着不同流动范围的农民工在工资收入水平上呈现出较为明显的差异，流动范围越大的农民工工资收入水平相对更高。

第三章

当前农民工就业面临的机遇与挑战

农民工是我国产业工人的重要组成部分。伴随经济发展新常态的到来，农民工就业呈现新趋势和面临新挑战，必须引起高度重视和采取有效应对举措。

第一节　当前农民工就业的特点

农民工的产生、发展和演变过程是我国从农业经济转向工业经济，进而实现数字化转型的集中体现。农村富余劳动力向城市的转移经历了从控制、规范到鼓励、保障的过程，农民工规模逐渐扩大。作为农村富余劳动力，农民工的就业历程也经历了离粮不离土、离土不离乡、离土又离乡、返乡创业就业等阶段。进入新发展阶段，农民工就业呈现出新的特征和趋势。

一、农民工就业的最大特点是流动性大、工作稳定性差

与城市职工相比，农民工就业的最大特点在于流动性大、工作稳定性差。农民工就业的灵活性、流动性、不稳定性源于用工单位的生产任务具有灵活性。制造业是吸纳农民工就业的主阵地，建筑业是吸纳农民工就业的支柱产业，服务业正成为吸纳农民工就业的大产业，新业态发展吸引了大量新生代农民工灵活就业。这些吸纳农民工就业的产业部门和用工单位，其用工任务大多具有灵活性，具有明显的淡旺季之分。比如制造业，旺季用工人数比淡季至少高出30%。用工单位生产任务的灵活性造成了农民工的就业极其不稳定，变换工作单位成为常态。中国劳动学会"百企万人"调查显示，新业态农民工就业的流动性比传统行业农民工的更高，转换率达40%。

二、农民工总量增速放缓，外出就业比例下降

随着当前人口结构改变，劳动力供给总量已开始下降，由此带来农民工总量增速放缓。国家统计局的统计数据显示，自 2010 年起，农民工增速连续 5 年回落，年度新增农民工数量也从 700 万人降至 200 万人左右。与农民工总量增速放缓同时发生的是外出就业农民工比例逐渐降低。数据显示，外出就业农民工人数比例从 2008 年的 62.29％下降到 2022 年的 58.14％，本地就业比例则从 2008 年的 37.71％上升到 2022 年的 41.85％。

三、农民工外出务工受阻，就近就业需求上升

虽然外出就业农民工所占比例降低，但是外出就业仍然是农民工就业的主要渠道。经济危机、新冠疫情、贸易战、中国主动调整外贸导向型"外循环"经济结构等都给外贸订单带来影响，众多劳动力密集型企业面对国际国内大环境和数字化智能化等技术进步也面临转型，这些原因都抑制了社会对劳动力的需求，使得农民工外出务工受阻。外出务工受阻，必然导致就近就业需求上升。再加上有很多农民工长期背井离乡，有主动选择回乡就业的愿望；也有很多农民工，因打工城市的转型升级、新冠疫情等不确定因素的增加，自身技能不适应城市产业的发展，被动选择回老家就业创业。数据显示，跨省流动（含境外）的农民工比例已经从 2008 年的 45.4％下降到 2016 年的 38.0％；省内流动的农民工占比则从 54.6％上升到 62％。省内流动中，县外省内流动比例也呈现下降趋势，乡外县内就业的比例逐渐提升至 31.7％左右。

四、数字平台经济发展带来新型灵活就业扩张

越来越多年轻人主动选择平台劳动、新业态等更自由灵活的就业方式，如宁愿送外卖不愿进工厂。另外，由于经济形势不稳定，企业经营也很不稳定，造成很多农民工被动成为灵活就业人员。《中国共享经济发展报告（2021）》显示，2020 年，各类平台带动的就业人数约为 8 400 万，同比增长约 7.7％。越来越多农民工进入新业态，灵活就业呈现不断增加的趋势，也伴随着平台用工和灵活就业带来的各种问题和争议。

第二节 当前农民工就业存在的困难

一、全球化衰退和新冠疫情导致农民工外出务工受阻等周期性失业难题

"正如凯恩斯经济周期理论中所描述的那样,在经济周期的衰退阶段,对劳动的整体需求下降时,就会出现周期性失业。"[1] 经济危机、新冠疫情、贸易战、中国主动调整外贸导向型"外循环"经济结构等都给外贸订单带来影响,众多劳动力密集型企业面对国际国内大环境和数字化智能化等技术进步也面临转型,这些原因都抑制对劳动力的需求,使得农民工外出务工受阻。新冠疫情来临后,农民工流动性进一步受到限制。虽然各级各地相关部门出台了各项支持农民工安全返工的政策,但农民工跨区域外出打工仍然受到极大限制,作为农民工核心收入的工资性收入受到影响。新冠疫情扩大了农民工就业难、企业招工难的社会难题,农民工不得不就近寻找就业机会,企业也不得不加大本地招工力度。新冠疫情虽然已经结束,对全球经济和农民工外出就业的影响仍然没有完全消除。

二、农民工素质技能结构与产业结构不匹配导致的结构性失业难题

结构性失业的原因是劳动力的供给和需求结构不匹配,"如果对一种劳动的需求上升,对另一种劳动的需求下降,而市场又未能及时做出调整,这种不匹配的情况就有可能发生。常见的情况是,产业的兴衰所引起的行业间或地区间结构性失衡"[2]。由于农民工素质技能结构与产业结构不匹配导致的结构性失业难题,已经随着我国产业结构的调整和升级变得越加突出。我国经济结构转型升级和高质量发展都要求产业工人提高素质技能,但是大部分农民工长时间在传统外贸导向型的劳动力密集型企业就业,大量使用农民工的企业也对廉价劳动力具有一定的路径依赖,不注重农民工素质技能提升,制约了企业高质量发展和经济结构转型。

---

①② 萨缪尔森. 经济学(下册)[M]. 北京:商务印书馆,2011:1027.

支撑农民工就近就业服务体系的缺乏导致农民工回乡就业困难。农民工外出务工受阻、就近就业需求上升，但是作为劳动力输出地，缺乏像劳动力输入地那样足够的产业体系和规范的劳动力市场作为支撑，农民工就近就业的需求不能得到有效满足，也导致县域经济发展乏力，制约城乡融合和共同富裕。

三、农民工就业灵活性带来的摩擦性失业难题

通常情况下，经济学将失业划分为三种类型：摩擦性失业、结构性失业、周期性失业。[①] 摩擦性失业描述的是劳动者找工作或者换工作期间出现的短暂失业现象；结构性失业描述的是劳动力的素质技能结构与产业需求结构不匹配而导致的失业现象，大量产业、行业招不到人，大量想找工作的劳动者找不到工作；周期性失业描述的是经济周期衰退期间，对劳动力整体需求下降导致的失业现象。

农民工就业的灵活性造成的摩擦性失业问题比较突出。"当人们跳槽或者离开劳动大军，因为人们不可能在辞职后立即找到另一份工作，均衡失业就会出现，这有时也称作摩擦性失业。"[②] 当然，西方主流经济学认为摩擦性失业是均衡的，更有甚者认为摩擦性失业大多是劳动者主动换工作带来的，这与农民工大多是在被动换工作有很大区别。但还是可以借鉴这一概念，用来描述农民工换工作期间的失业状态。这种摩擦性失业源于缺乏有效信息和有效的交流方式，造成农民工和用工方之间存在供需匹配时间差。任何劳动者在换工作或者等待换工作时，都需要花时间，但是农民工就业的灵活性使得农民工换工作的频率更频繁，摩擦性失业问题更明显。农民工结束一份工作后，由于缺乏有效的渠道，不能很快找到另一份工作，大量时间耗费在找工作上。与此相对应，需要具备相应素质技能农民工的企业在招工时，也需要花费巨大时间成本和招新后附加的培训成本。

劳动合同签订率低、参保率低导致农民工劳动权益保障困难。当前农民工在就业过程中存在的主要难题就是就业灵活性带来的劳动合同签订率低、参保率低，尤其是工伤保险缺失等，导致的农民工合法权益不能得到有效保障。调研显示，64％的受访农民工没有与用工方签订劳动合同。河北省农民工监测调查数据

---

① 萨缪尔森. 经济学（下册）［M］. 北京：商务印书馆，2011：1027.

② 萨缪尔森. 经济学（下册）［M］. 北京：商务印书馆，2011：1025.

显示，河北省外出农民工劳动合同签订率仅为 28.6%，并且有进一步下降的趋势。不签订劳动合同的农民工往往也没有单位为其缴纳社保和工伤保险，导致农民工缺乏应有的保障，也带来企业用工不合规的风险。

第三节　当前农民工就业面临的机遇

尽管面临着诸多问题，但我国经济持续向好发展的基本面不会变，这为我国农民工高质量就业提供了前所未有的契机。在新时期，我国农民工高质量就业的发展机遇主要体现在以下方面。

一、经济结构和产业结构进一步调整优化，就业新产业新平台不断发展

转移之初，农村外出劳动力多是走街串巷的手艺人和小商小贩等，就业行业主要集中在第三产业。但随着乡镇企业的崛起以及外来投资的增加，建筑业和制造业吸纳了大量的农村转移劳动力，第二产业逐步成为农村转移劳动力就业的主要行业。据劳动部农村劳动力就业与流动研究课题组的调查，1994 年，外出从事建筑行业的农村转移劳动力占比为 27.8%，从事制造业的占比为 24%；在第二产业就业的占比为 57.4%。随着国家经济结构的调整，近年来，农村转移劳动力就业的行业分布逐步向第三产业倾斜。2022 年，外出劳动力中，在第二产业就业的占 47.8%，比 20 世纪 90 年代初下降了 10 个百分点以上，其中制造业和建筑业仍是第二产业中农民工就业比例最高的。在第三产业就业的农民工所占比例为 51.7%。第三产业已经成为吸纳农村外出劳动力最多的产业。其中，2022 年在餐饮住宿业就业的农民工所占比例为 6.1%，在居民服务和其他服务业就业的占 11.9%，在交通运输、仓储和邮政业就业的占 6.8%，在批发零售业就业的占 12.5%。

从农民就业比重最高的制造业看，改革开放以来，随着中国制造业的崛起，数亿农村青壮劳动力涌入城市，成为产业工人尤其是制造业工人的主体。制造业就业人数曾在很长一段时间内总体持续增长，并在 2015 年达到峰值。之后，制造业就业人数呈现下降趋势，2020 年相较 2015 年减少了 832.4 万人。同样的，建筑业农民工就业人口仅次于制造业，于 2014 年达到峰值，总

数为 6 109.1 万人。2020 年制造业就业人数相比于 2014 年下降了 882.6 万人。另外，交通运输、仓储和邮政业，批发零售业，居民服务和其他服务业的农民工就业人口数 2008—2019 年呈现出递增的趋势。2020 年，受到新冠疫情的影响，住宿餐饮业农民工总数有所回落。2021 年，因新冠疫情得到有效控制，该行业农民工数量得以提升。总而言之，自 2008 年以来，农民工就业结构调整的趋势明显。

如今，就业新产业新业态新平台不断涌现，新的就业岗位层出不穷。《中国共享经济发展报告（2021）》显示，2020 年，我国共享经济市场交易规模约为 33 773 亿元，同比增长约 2.9%；各类平台带动的就业人数约为 8 400 万，同比增长约 7.7%。外卖、快递、网约车等平台经济下的灵活就业方式，已成为吸纳闲散劳动力、解决失业问题的新渠道，成为实现保就业、稳就业、促发展的新路径。在新冠疫情防控期间，以平台经济为代表的新业态更是呈现出强大的韧性和发展潜力，各类平台企业不仅为保障民生供给、推动复工复产等作出了重要贡献，而且在保就业和稳就业方面发挥了"失业缓冲阀"和"就业蓄水池"作用。平台经济的繁荣发展无疑给在城市就业困难的农民工提供了一条新的谋生之路。许多研究也表明，平台工作的确让许多农民工的收入获得一定幅度的提升。因此，从就业机会和工资收入的角度来看，在平台经济时代，农民工就业问题将迎来新的转机。

二、新型城镇化加快推进，城乡融合步伐加快

随着农业农村经济的繁荣以及农村转移劳动力规模趋于稳定，推动农村劳动力外出转移就业、解决农村富余劳动力的就业问题将不再是当前农民工工作的首要任务。在中国经济发展进入新常态的背景下，如何让已转移的农村劳动力能够市民化，平等享受各项公共服务，进而实现社会融合和有质量的城镇化，成为新时期农民工工作的重点。应该说，在党的十八大之前，各级政府在这些方面进行了很多尝试和探索，也取得了积极的成效；党的十八大后，党和政府继续发力，促进农村转移劳动力城市融合。

户籍制度是中国特有的人口管理制度，被认为是中国城乡二元结构的源头。改革开放之前，农民向城镇的户籍迁移受到严格的限制，也是历史上户籍壁垒最坚固的时期。改革开放后，户籍制度逐步松动，1984 年发布的《国务院关于农

民进集镇落户问题的通知》（此文件已失效）中，规定"凡申请到集镇务工、经商、办服务业的农民和家属，在集镇有固定住所，……公安部门应准予落常住户口，发给《自理口粮户口簿》，统计为非农业人口"，这是中国户籍制度改革的第一个规范性的政策规定。但由于没有突破性的改革，而且限定在县以下非城关的集镇，所以只促进了一小部分人口进城落户。2000 年，中共中央、国务院下发了《关于促进小城镇健康发展的若干意见》，规定"从 2000 年起，凡在县及以下城镇有合法固定住所……均可根据本人意愿转为城镇户口"。2001 年，国务院批转了公安部《关于推进小城镇户籍管理制度改革的意见》（此文件已失效），进一步放松了农民进城落户的限制。但从实际成效看，各级城镇政府在对农民工落户问题上还是存在着较大的阻力。

2013 年，党的十八届三中全会发布了《中共中央关于全面深化改革若干重大问题的决定》，指出要"加快户籍制度改革，全面放开建制镇和小城市落户限制，有序放开中等城市落户限制，合理确定大城市落户条件，严格控制特大城市人口规模"。之后经过近一年的酝酿，《国务院关于进一步推进户籍制度改革的意见》于 2014 年正式发布，户口迁移政策也进一步调整，全面放开了建制镇和小城市落户限制，对于中等城市和大城市则可以根据城市综合承载能力设定相应的门槛。至此，我国农村转移劳动力面临的户籍壁垒逐渐消解，农村转移劳动力在小城市落户已基本实现零门槛。"十二五"时期，全国城镇人口实现以年均 2 000 万的速度增长，城镇化率年均提高 1.23 个百分点。2018 年末，全国拥有 8.3 亿城镇常住人口，常住人口城镇化率达 59.58%。

三、科技进步加快，新产业新岗位对于农民工就业有了新需求

随着科技进步的不断加快，平台经济已席卷各个产业及领域。以滴滴、美团为代表的平台型企业迅速崛起，催生出一个包括网约车司机、网约配送员、网约家政工在内的新型就业群体——网约工，即按照互联网平台的信息预约提供劳动的劳动者。国家信息中心分享经济研究中心最新发布的《中国共享经济发展报告（2021）》显示，2020 年各类平台带动的就业人数约为 8 400 万，同比增长约 7.7%。已有研究发现，网约工以农民工群体为主，并且已经成为农民工就业的新选择。调查显示，在上海市网约工群体中，外地农业户口务工人员占比达 68.57%。就具体行业而言，情况基本类似。以外卖行业为例，75% 的美团外卖

骑手以及 77% 的饿了么外卖骑手均来自农村地区。许多新闻媒体关于实体经济"招工难""用工荒"的深度报道也从另一个侧面说明了这一社会事实,如《中国青年报》刊发的《宁送外卖不去工厂,年轻人"抛弃"的究竟是什么》一文着重分析了年轻人逃离制造业这一社会现象,引起社会各界的广泛关注。无论是从数据资料还是从新闻报道中都可以看出,随着平台经济的兴起,越来越多的农民工正在跳出传统的实体经济,特别是制造业,流动到新型的互联网平台企业中。可以说,农民工从原来的工厂工人转向现在的网约工已成为一种趋势,以至于有学者呼吁警惕平台经济给制造业带来的结构性风险。

四、数字经济推动农民工就业方式和途径发生深刻变化

数字经济正在成为经济增长的新动能。我国《"十四五"数字经济发展规划》中明确指出,数字化方式正有效打破时空阻隔,提高有限资源的普惠化水平,数字经济发展正在让广大群众享受看得见、摸得着的实惠。当前,我国农民工就业面临的主要挑战是不平衡不充分问题,突出表现在供求矛盾明显、居民就业和收入状况差距大、公共服务质量亟须改善等方面。数字经济具有高创新性、强渗透性、广覆盖性的特点,对传统产业数字化变革、突破生产要素局限的均衡化生产,以及提供公开透明的信息服务具有重要意义,为新时代扎实推进农民工高质量就业提供了有利的技术条件。

目前,我国信息基础设施建设已经为农民工通过数字化平台就业提供了充分的条件。一方面,我国已经基本实现信息基本公共服务均等化。工信部发布的数据显示,截至 2021 年 6 月,我国移动宽带覆盖超过 99% 的行政村。截至 2022 年底,全国农村宽带用户总数达 1.76 亿户,全年净增 1 862 万户,比上年增长 11.8%;全国移动通信基站总数达 1 083 万个,全年净增 87 万个。其中 5G 基站为 231.2 万个,全年新建 5G 基站 88.7 万个,占移动基站总数的 21.3%,占比较上年末提升 7%。另一方面,大力推进智慧城市和数字乡村建设。例如,浙江省德清县依托叠加了 17 个图层、232 类数据的数字乡村底图探索乡村治理的可视化,借助融合了 6 大类 534 个感知设备的物联感知网挖掘乡村散落数据,加之数据共享应用,实现了实时提供便民服务、掌握村情民意、预警处置事件的智能化乡村治理,充分体现了数字经济治理的精准性、协调性和有效性。

数字化就业平台等数字经济新业态通过数字产业化和产业数字化，用极易复制和扩散的数据生产要素连接各个经济活动，显著降低了交易成本，提高了全要素生产率。与传统工业经济规模报酬递减不同，数字经济呈现出规模收益递增的态势，中国信息通信研究院的测算显示，中国数字经济规模由 2005 年的 2.6 万亿元增长到 2021 年的 45.5 万亿元，在 GDP（国内生产总值）中的比重由 14.2％提升到 39.8％，表明了数字经济极大地推动了社会财富的创造和宏观经济的一般性增长。近年来，大量新的数字平台正在重塑社会就业结构，除了新增大量与数字技术研发和应用相关的高技术岗位需求外，数字平台的广覆盖、高聚合功能，还实现了分散生产和个性化需求的快捷对接，出现了贴近消费的社区微工厂、带货主播的直播助理、物流配送的快递员等大量新业态、新岗位，这些岗位相对来说就业门槛低、需求量大、工作方式灵活，为广大普通劳动者开辟了机动灵活、平等多样的就业创业选择。2020 年淘宝直播共带动直接和间接就业机会 173.1 万个，其中交易型就业机会 102.2 万个，新型岗位就业机会 70.9 万个，说明数字经济在拉动就业方面具有很大潜力。

农民工就业的最大痛点，究其原因是时空限制、信息不对称。数字经济依托数字平台和无所不在的互联网，以社会资源精准配置为核心，重新构建新型社会化分工合作体系，变传统的、固化的商业价值链为发散的、竞争的商业价值网，有助于打破存在于城乡和地区发展上的各种束缚，促进均衡发展。例如，美团配送平台覆盖全国 2 800 个县级以上的城市，涵盖餐饮、生鲜、商超、书店、鲜花等 620 多万品类商户，就是数字经济通过"长尾效应"释放居民的多样化个性需求，并推动满足这些需求的小规模柔性生产发展，使得偏远地区的小微企业也有机会参与头部平台的整体运作的最好例证。

五、农民工政策不断建立健全，农民工就业逐渐得到制度保证

随着农村劳动力转移就业规模的扩大，与之相关、为之服务的政策措施也是逐步健全。从目前来看，我国推动农村劳动力转移就业的制度框架已基本建立，体制机制建设不断完善。

（1）**就业培训制度基本建立。**2003 年 9 月，国务院办公厅转发了农业部、劳动和社会保障部、教育部、科技部、建设部、财政部 6 部委共同制定的《2003—2010 年全国农民工培训规划》，要求由中央和地方财政安排专项经费，

用于农民工的培训工作。这个规划的实施标志着我国农村劳动力转移就业培训制度的开启。2004年，由农业部等6部委主导的"阳光工程"培训开始实施，其他有关部委也在各自职能范围内开展培训，如国务院扶贫办实施了"农村劳动力转移培训雨露计划"，劳动和社会保障部实施了"农村劳动力技能就业计划"，教育部实施了"农村劳动力转移培训计划"等。培训初期，培训内容以引导性培训为主，主要是开展基本权益保护、法律知识、城市生活常识、寻找就业岗位等方面的知识培训。后期主要是开展职业技能培训，目的是增强农民工就业竞争力。培训经费实行政府、用人单位和农民工个人共同分担的投入机制。

党的十八大以来，在"大众创业、万众创新"的背景下，中共中央关于农村劳动力转移就业的政策导向发生调整，返乡创业成为又一个政府支持的方向。2015年，国务院办公厅下发了《关于支持农民工等人员返乡创业的意见》（国办发〔2015〕47号），明确支持农民工等人员返乡创业。2020年6月，农业农村部与国家发展改革委、教育部等9部委联合印发《关于深入实施农村创新创业带头人培育行动的意见》，提出扶持返乡创业农民工重点发展加工流通业，鼓励入乡创业人员用新技术、开发新产品、开拓新市场，发掘在乡创业能人，支持创办家庭工场、手工作坊、乡村车间。2020年，农业农村部举办全国农民教育培训发展论坛，开展农民教育培训"百名优秀学员"扶贫先锋资助活动，进一步提升农民教育培训质量。2020年，农业农村部会同国家发展改革委等8部门印发《关于深入实施农村创新创业带头人培育行动的意见》（农产发〔2020〕3号），提出扶持返乡创业农民工、鼓励入乡创业人员、发掘在乡创业能人，到2025年，农村创业创新带头人达到100万人以上，农业重点县的行政村基本实现全覆盖。2021年2月，中共中央办公厅、国务院办公厅印发《关于加快推进乡村人才振兴的意见》，提出到2025年，乡村人才振兴制度框架和政策体系基本形成，乡村振兴各领域人才规模不断壮大、素质稳步提升、结构持续优化，各类人才支持服务乡村格局基本形成，乡村人才初步满足实施乡村振兴战略基本需要。

在政府的大力支持下，农民工返乡创业取得了积极的成效。近年来，农业农村部积极搭建返乡入乡创业平台，在全国认定了1 096个各具特色的全国农村创新创业基地（园区）和200个农村创新创业典型县。自2017年起，农业农村部连续 3 年举办全国新农民新技术创新创业博览会，搭建政策宣讲平台、成果展示舞台、励志故事讲台、创意比拼擂台。2018 年起，农业农村部依托基层农技推广补助项目实施特聘计划，创新了基层农技推广服务机制，拓展了用人渠道，为技术紧缺地区解决生产技术难题、带领当地农户开拓市场提供科技支撑和人才保障，目前全国已招募 4 200 余名特聘农业技术员。截至 2022 年底，全国返乡入乡创新创业人员达 1 220 万人，"田秀才""土专家"等在乡创业创新人员达到 3 150 万，成为乡村振兴的重要力量。2017—2020 年，农业农村部连续 4 年组织开展全国农村创业创新优秀带头人典型案例推介活动，遴选 466 个典型案例并加大宣传。此外，近年来，农业农村部联合财政部实施高素质农民培育计划，对种粮大户、家庭农场主、农民合作社带头人等开展全产业链培训，着力提升农民综合素质和就业创业能力，2020 年培训高素质农民超过 65 万人。

总之，随着培训制度建设的深入，目前我国已经建立多类别的培训体系。就业技能培训针对农村转移就业劳动者，劳动预备制培训针对农村未升学的初高中毕业生，岗位技能提升培训针对在岗农民工，高技能人才培训针对具备中级以上职业技能的农民工，可以说农民工已纳入终身职业培训体系。

（2）就业服务体系不断健全。 1994 年，劳动部发布了《促进劳动力市场发展 完善就业服务体系建设的实施计划》，明确要求全国县（区）以上劳动部门均要建立具有固定场所和配备相应工作队伍的职业介绍所，主要劳务输出省份80％的乡镇和其他地区 50％的乡镇建立劳动服务站，服务范围扩大到城乡所有用人单位和求职者。为推动农村劳动力有序转移，要着手华南（广东）、华东（上海）、华北（北京）三大区域劳动力市场信息中心建设，推进省际劳务协作，大力发展乡镇劳动服务网络，健全流动服务制度。这个计划的实施标志着我国服务于农村劳动力转移的就业服务网络开始建立。其后 2003 年、2004 年国务院办公厅连续下发了《关于做好农民进城务工就业管理和服务工作的通知》和《关于进一步做好改善农民进城就业环境工作的通知》，强调要从清理和取消歧视性规定及不合理限制、开展有组织的劳务输出、完善职业介绍服务、做好咨询服务工作和加强对农民进城就业的培训工作等方面，进一步做好促进农民进城就业的管理和服务工作。其中，城市各级公共职业介绍机构要免费向农民工开放，积极为农民工免费提供就业信息和政策咨询，对求职登记的农民工免费提供职业指导和职业介绍服务。2006 年，国务院发布的《关于解决农民工问题的若干意见》再次指出要建立健全县乡公共就业服务网络，为农民转移就业提供就业信息、职业介绍、就业指导和政策咨询等方面的服务。

多年来，农村转移劳动力的就业服务体系不断健全。面向广大农村转移劳动力的免费服务制度、就业援助制度、就业与失业管理制度、专项服务制度、信息服务制度和公共就业服务统筹管理制度等纷纷建立。每年第一季度，由国家人力资源和社会保障部发起、专门为进城农民工提供就业服务的"春风行动"已经成为农民工接受就业服务的重要渠道。

（3）劳动权益保障体系日趋完善。 农村转移劳动力的权益保障问题一直是政府农民工工作的重要内容。2004 年国务院办公厅下发了《关于进一步做好改善农民进城就业环境工作的通知》，较为全面地提出切实维护农民进城就业的合法权益，包括进一步解决拖欠农民工工资问题，加强劳动合同管理和劳动保障监察执法，及时处理农民工劳动争议案件，支持工会组织依法维护农民工的权益，以及做好农民工工伤保险工作。国务院 2006 年发布的《关于解决农民工问题的若干意见》，被认为是系统性保护农民工权益的首个关键文件。文件中关于农村转移劳动力劳动权益保障的内容包括三大点九小条，内容涵盖解决农民工工资偏低和拖欠问题、严格劳动合同管理、保障农民工职业安全卫生权益、切实保护女工和未成年工权益，积极稳妥地解决农民工社会保障问题等。之后，《中华人民共和国劳动合同法》于 2008 年开始实施，2009 年《农民工参加基本养老保险办法》面向社会发布，修订后的《工伤保险条例》于 2011 年开始实施。这些法律法规的实施，意味着农村转移劳动力的权益保障体系逐步建立。

2014 年，国务院出台了《关于进一步做好为农民工服务工作的意见》，再次就着力维护农民工的劳动保障权益要从规范使用农民工的劳动用工管理、保障农民工工资报酬权益、扩大农民工参加城镇社会保险覆盖面、加强农民工安全生产和职业健康保护、畅通农民工维权渠道、加强对农民工的法律援助和法律服务工作六个方面着手作出要求。国务院根治拖欠农民工工资工作领导小组办公室印发《关于开展根治欠薪冬季专项行动的通知》，决定从 2021 年 11 月 1日至 2022 年春节前，以工程建设领域和其他欠薪易发多发行业的企业为重点，在全国范围对欠薪问题实施集中专项治理。可以说，随着中央政策部署的进一步深化，农村转移劳动力的劳动权益保障体系将日趋完善，权益保障水平也将不断提升。

（4）农村转移劳动力的公共服务供给不断强化。 2006 年，国务院发布的《关于解决农民工问题的若干意见》要求，切实为农民工提供相关公共服务，包括把农民工纳入城市公共服务体系、保障农民工子女平等接受义务教育、加强农民工疾病预防控制和适龄儿童免疫工作、进一步搞好农民工计划生育管理和服务、多渠道改善农民工居住条件。从现实来看，保障农民工子女平等接受教育和改善农民工居住条件又是所有公共服务中农民工最迫切需要的。

在子女接受教育方面，随着 2003 年国务院颁布《关于进一步加强农村教育工作的决定》（国发〔2003〕19 号），以流入地政府管理为主、以公办中小学为主的"两为主"政策已经成为保障农民工子女接受义务教育的重要制度。《关于解决农民工问题的若干意见》要求，输入地政府要将农民工子女义务教育纳入当地教育发展规划，列入教育经费预算，以全日制公办中小学为主接收农民工子女入学，并按照实际在校人数拨付学校公用经费。《关于进一步做好为农民工服务工作的意见》进一步提出，将农民工子女义务教育纳入当地教育发展规划，列入教育经费预算。公办义务教育学校要普遍对农民工随迁子女开放，与城镇户籍学生混合编班，统一管理，并且提出要积极创造条件着力满足农民工随迁子女接受普惠性学前教育的需求，对符合条件的农民工随迁子女接受义务教育后在输入地参加中考、高考的政策也要进一步完善和落实。2013 年全国 26 个省（自治区、直辖市）解决了农民工随迁子女在当地参加中考的问题，2014 年全国 28 个省（自治区、直辖市）启动实施随迁子女异地高考改革。截止到 2020 年，农民工随迁子女在公办学校就学人数达 1 429.7 万，在迁入地公办学校就读（含政府购买学位）的比例达 80% 以上，与整个义务教育阶段学生在公办学校就读比例（89.2%）大体相当。

在改善农民工居住条件方面，《关于解决农民工问题的若干意见》要求，在符合规划的前提下，可在依法取得的企业用地范围内建设农民工集体宿舍。农民工集中的开发区和工业园区，可建设统一管理、供企业租用的员工宿舍，集约利用土地。《关于进一步做好为农民工服务工作的意见》进一步提出，统筹规划城镇常住人口规模和建设用地面积，将解决农民工住房问题纳入住房发展规划。支持符合条件的农民工购买或租赁商品住房，并按规定享受购房契税和印花税等优惠政策，将符合条件的农民工纳入住房保障实施范围。逐步将在城镇稳定就业的农民工纳入住房公积金制度的实施范围。据国家统计局的监测，2022年，进城农民工居住条件总体有所改善，进城农民工人均居住面积22.6平方米，比上年增加0.9平方米。

下文中的表3-1至表3-23为不同情景设定下农民工总数预测值、平均年龄预测值、平均收入预测值调整区间等具体情况。具体来看，表3-1至表3-3介绍了农民工总数、外出就业和本地就业农民工数量的变动情况，可以发现农民工总数的变动较小，而外出就业的农民工数量略有增加、本地就业的农民工数量略有减少，说明未来很长一段时期农民工仍旧具有一定的外出就业趋势。表3-4至表3-14介绍了农民工平均年龄及不同年龄段的农民工数量及农民工所占比例变动情况。根据预测结果可以看出，未来一段时间农民工的平均年龄将集中在41岁左右，且随着时间的推移，青年农民工（16～30岁）的数量和所占比例将会增加。表3-15至表3-23预测了农民工整体收入、不同地区和不同行业的收入情况。可以看出，未来东部地区的平均工资预测值仍旧明显高于中部地区和西部地区，且在交通运输仓储邮政业、建筑业、服务业、住宿餐饮业和制造业诸多行业中，交通运输仓储邮政业和建筑业的工资预测值仍处于高位，分别占据了行业的第一和第二名。

表3-1 不同情景设定下全国农民工总数预测值调整区间

单位：万人

年份	乐观情景调整区间		基准情景调整区间		悲观情景调整区间	
	低	高	低	高	低	高
2023	29 291.01	29 493.20	28 834.65	28 932.85	28 277.19	28 470.71
2024	29 314.63	29 516.74	28 818.02	28 927.73	28 231.90	28 425.35
2025	29 331.70	29 533.85	28 814.78	28 941.84	28 225.66	28 419.15
2026	29 366.48	29 568.61	28 814.96	28 936.23	28 185.47	28 378.93
2027	29 390.96	29 593.10	28 810.54	28 943.37	28 163.69	28 357.17
2028	29 320.97	29 523.10	28 830.07	28 922.48	28 232.33	28 425.80
2029	29 373.29	29 575.43	28 824.64	28 928.59	28 180.69	28 374.16
2030	29 404.88	29 607.02	28 818.69	28 934.20	28 148.76	28 342.23
2031	29 358.77	29 560.90	28 815.89	28 937.17	28 195.04	28 388.51
2032	29 286.53	29 488.67	28 810.07	28 942.90	28 267.19	28 460.66

（续）

年份	乐观情景调整区间		基准情景调整区间		悲观情景调整区间	
	低	高	低	高	低	高
2033	29 260.56	29 462.70	28 812.98	28 940.04	28 293.20	28 486.67
2034	29 228.79	29 430.93	28 821.63	28 931.36	28 324.96	28 518.43
2035	29 350.08	29 552.21	28 807.20	28 945.81	28 203.68	28 397.15
2036	29 315.42	29 517.56	28 810.08	28 942.92	28 249.88	28 443.35
2037	29 318.31	29 520.45	28 812.97	28 940.03	28 246.99	28 440.47
2038	29 292.32	29 494.46	28 807.20	28 945.80	28 272.98	28 466.45
2039	29 300.98	29 503.12	28 804.31	28 948.69	28 264.32	28 457.79
2040	29 309.65	29 511.78	28 830.30	28 922.70	28 255.66	28 449.13
2041	29 315.42	29 517.56	28 821.63	28 931.37	28 249.88	28 443.35
2042	29 324.09	29 526.22	28 824.52	28 928.48	28 241.22	28 434.69
2043	29 329.86	29 532.00	28 818.75	28 934.25	28 235.44	28 428.91
2044	29 318.31	29 520.45	28 838.96	28 914.04	28 246.99	28 440.46
2045	29 329.86	29 532.00	28 827.41	28 925.59	28 235.44	28 428.91
2046	29 367.40	29 569.54	28 821.63	28 931.37	28 197.90	28 391.37
2047	29 390.50	29 592.64	28 812.97	28 940.03	28 174.80	28 368.27
2048	29 321.20	29 523.33	28 815.86	28 937.14	28 244.10	28 437.58
2049	29 373.18	29 575.31	28 810.08	28 942.92	28 174.80	28 368.27
2050	29 404.94	29 607.08	28 830.30	28 922.70	28 143.04	28 336.51

表 3-2　不同情景设定下全国外出就业农民工数量预测值调整区间

单位：万人

年份	乐观情景调整区间		基准情景调整区间		悲观情景调整区间	
	低	高	低	高	低	高
2023	17 338.19	17 457.87	17 126.19	17 068.06	16 738.09	16 852.64
2024	17 374.77	17 494.56	17 145.45	17 080.42	16 733.03	16 847.69
2025	17 373.58	17 493.32	17 142.66	17 067.40	16 718.46	16 833.06
2026	17 399.84	17 519.60	17 144.91	17 073.06	16 700.08	16 814.71
2027	17 411.51	17 531.26	17 146.35	17 067.66	16 684.46	16 799.08
2028	17 371.46	17 491.22	17 135.37	17 080.62	16 726.49	16 841.11
2029	17 401.75	17 521.50	17 138.30	17 076.71	16 695.21	16 809.83

（续）

年份	乐观情景调整区间		基准情景调整区间		悲观情景调整区间	
	低	高	低	高	低	高
2030	17 420.82	17 540.58	17 141.96	17 073.53	16 676.63	16 791.26
2031	17 393.32	17 513.08	17 143.55	17 071.70	16 703.89	16 818.51
2032	17 350.62	17 470.37	17 147.03	17 068.34	16 746.72	16 861.34
2033	17 335.19	17 454.94	17 145.29	17 070.02	16 762.08	16 876.70
2034	17 316.39	17 436.14	17 140.18	17 075.17	16 780.92	16 895.54
2035	17 388.23	17 507.98	17 148.72	17 066.61	16 709.06	16 823.68
2036	17 367.70	17 487.46	17 147.02	17 068.32	16 736.43	16 851.05
2037	17 369.41	17 489.17	17 145.30	17 070.03	16 734.72	16 849.34
2038	17 354.02	17 473.77	17 148.73	17 066.61	16 750.12	16 864.74
2039	17 359.15	17 478.90	17 150.44	17 064.90	16 744.98	16 859.61
2040	17 364.28	17 484.04	17 135.04	17 080.29	16 739.85	16 854.47
2041	17 367.70	17 487.46	17 140.17	17 075.16	16 736.43	16 851.05
2042	17 372.84	17 492.59	17 138.46	17 076.87	16 731.30	16 845.92
2043	17 376.26	17 496.01	17 141.88	17 073.45	16 727.88	16 842.50
2044	17 369.41	17 489.17	17 129.91	17 085.43	16 734.72	16 849.34
2045	17 376.26	17 496.01	17 136.75	17 078.58	16 727.88	16 842.50
2046	17 398.50	17 518.25	17 140.17	17 075.16	16 705.64	16 820.26
2047	17 412.18	17 531.94	17 145.3	17 070.03	16 691.95	16 806.57
2048	17 371.12	17 490.88	17 143.59	17 071.74	16 733.01	16 847.63
2049	17 401.92	17 521.67	17 147.01	17 068.32	16 691.95	16 806.57
2050	17 420.74	17 540.49	17 135.04	17 080.29	16 673.13	16 787.75

表3-3 不同情景设定下全国本地就业农民工数量预测值调整区间

单位：万人

年份	乐观情景调整区间		基准情景调整区间		悲观情景调整区间	
	低	高	低	高	低	高
2023	11 952.82	12 035.32	11 766.59	11 806.66	11 539.11	11 618.08
2024	11 939.86	12 022.18	11 737.59	11 782.28	11 498.87	11 577.66
2025	11 958.12	12 040.53	11 747.38	11 799.18	11 507.21	11 586.09
2026	11 966.64	12 049.01	11 741.90	11 791.32	11 485.39	11 564.22

（续）

年份	乐观情景调整区间		基准情景调整区间		悲观情景调整区间	
	低	高	低	高	低	高
2027	11 979.45	12 061.84	11 742.87	11 797.02	11 479.23	11 558.09
2028	11 949.51	12 031.89	11 749.45	11 787.11	11 505.84	11 584.69
2029	11 971.54	12 053.92	11 747.93	11 790.30	11 485.48	11 564.33
2030	11 984.06	12 066.44	11 745.16	11 792.23	11 472.12	11 550.97
2031	11 965.44	12 047.83	11 744.19	11 793.62	11 491.16	11 570.01
2032	11 935.92	12 018.30	11 741.73	11 795.87	11 520.48	11 599.33
2033	11 925.38	12 007.76	11 742.96	11 794.74	11 531.12	11 609.97
2034	11 912.40	11 994.79	11 746.46	11 791.19	11 544.04	11 622.89
2035	11 961.85	12 044.23	11 740.59	11 797.08	11 494.62	11 573.47
2036	11 947.72	12 030.10	11 741.76	11 795.90	11 513.45	11 592.30
2037	11 948.90	12 031.28	11 742.94	11 794.73	11 512.27	11 591.13
2038	11 938.30	12 020.69	11 740.59	11 797.08	11 522.86	11 601.72
2039	11 941.84	12 024.22	11 739.41	11 798.26	11 519.33	11 598.19
2040	11 945.37	12 027.75	11 750.00	11 787.66	11 515.80	11 594.65
2041	11 947.72	12 030.10	11 746.47	11 791.19	11 513.45	11 592.30
2042	11 951.25	12 033.63	11 747.65	11 790.02	11 509.92	11 588.77
2043	11 953.60	12 035.99	11 745.30	11 792.37	11 507.57	11 586.42
2044	11 948.90	12 031.28	11 753.53	11 784.13	11 512.27	11 591.12
2045	11 953.60	12 035.99	11 748.83	11 788.84	11 507.57	11 586.42
2046	11 968.90	12 051.29	11 746.47	11 791.19	11 492.27	11 571.12
2047	11 978.32	12 060.70	11 742.94	11 794.72	11 482.85	11 561.70
2048	11 950.07	12 032.46	11 744.12	11 793.55	11 511.10	11 589.95
2049	11 971.26	12 053.64	11 741.77	11 795.90	11 482.85	11 561.70
2050	11 984.20	12 066.58	11 750.00	11 787.66	11 469.90	11 548.76

表3-4 不同情景设定下全国农民工平均年龄预测值调整区间

单位：岁

年份	乐观情景调整区间		基准情景调整区间		悲观情景调整区间	
	低	高	低	高	低	高
2023	42.02	42.31	41.37	41.51	40.57	40.84

（续）

年份	乐观情景调整区间		基准情景调整区间		悲观情景调整区间	
	低	高	低	高	低	高
2024	42.01	42.30	41.30	41.46	40.46	40.74
2025	42.06	42.35	41.32	41.50	40.47	40.75
2026	42.10	42.39	41.31	41.48	40.41	40.68
2027	42.14	42.43	41.31	41.50	40.38	40.66
2028	42.04	42.33	41.33	41.47	40.48	40.75
2029	42.11	42.40	41.33	41.48	40.40	40.68
2030	42.16	42.45	41.32	41.48	40.36	40.63
2031	42.09	42.38	41.31	41.49	40.42	40.70
2032	41.99	42.28	41.30	41.50	40.53	40.80
2033	41.95	42.24	41.31	41.49	40.56	40.84
2034	41.91	42.19	41.32	41.48	40.61	40.89
2035	42.08	42.37	41.30	41.50	40.44	40.71
2036	42.03	42.32	41.30	41.50	40.50	40.78
2037	42.03	42.32	41.31	41.49	40.50	40.77
2038	42.00	42.29	41.30	41.50	40.53	40.81
2039	42.01	42.30	41.30	41.50	40.52	40.80
2040	42.02	42.31	41.33	41.47	40.51	40.79
2041	42.03	42.32	41.32	41.48	40.50	40.78
2042	42.04	42.33	41.33	41.47	40.49	40.77
2043	42.05	42.34	41.32	41.48	40.48	40.76
2044	42.03	42.32	41.35	41.45	40.50	40.77
2045	42.05	42.34	41.33	41.47	40.48	40.76
2046	42.10	42.39	41.32	41.48	40.43	40.70
2047	42.14	42.43	41.31	41.49	40.39	40.67
2048	42.04	42.33	41.31	41.49	40.49	40.77
2049	42.11	42.40	41.30	41.50	40.39	40.67
2050	42.16	42.45	41.33	41.47	40.35	40.63

表3-5　不同情景设定下16～20岁农民工数量预测值调整区间

单位：万人

年份	乐观情景调整区间		基准情景调整区间		悲观情景调整区间	
	低	高	低	高	低	高
2023	483.40	486.74	475.87	477.49	466.67	469.86
2024	491.18	494.56	482.85	484.69	473.03	476.28
2025	487.77	491.13	479.17	481.28	469.37	472.59
2026	490.19	493.57	480.99	483.01	470.48	473.71
2027	489.68	493.04	480.01	482.22	469.23	472.45
2028	488.97	492.34	480.79	482.33	470.82	474.04
2029	489.61	492.98	480.47	482.20	469.73	472.96
2030	490.26	493.63	480.48	482.41	469.31	472.54
2031	489.43	492.80	480.38	482.40	470.03	473.25
2032	488.25	491.62	480.31	482.53	471.26	474.49
2033	487.81	491.18	480.34	482.46	471.68	474.91
2034	487.28	490.65	480.50	482.33	472.22	475.44
2035	489.30	492.67	480.25	482.56	470.19	473.42
2036	488.73	492.10	480.30	482.52	470.96	474.19
2037	488.77	492.14	480.35	482.47	470.91	474.14
2038	488.34	491.71	480.25	482.56	471.35	474.57
2039	488.49	491.86	480.21	482.61	471.20	474.43
2040	488.63	492.00	480.64	482.18	471.06	474.28
2041	488.73	492.10	480.49	482.32	470.96	474.19
2042	488.87	492.24	480.54	482.28	470.82	474.04
2043	488.97	492.34	480.45	482.37	470.72	473.95
2044	488.77	492.14	480.78	482.03	470.91	474.14
2045	488.97	492.34	480.59	482.23	470.72	473.95
2046	489.59	492.96	480.49	482.32	470.10	473.32
2047	489.98	493.35	480.35	482.47	469.71	472.94
2048	488.82	492.19	480.40	482.42	470.87	474.09
2049	489.69	493.06	480.30	482.52	469.71	472.94
2050	490.22	493.59	480.64	482.18	469.18	472.41

表3-6 不同情景设定下16~20岁农民工所占比例预测值调整区间

单位：%

年份	乐观情景预测区间		基准情景预测区间		悲观情景预测区间	
	低	高	低	高	低	高
2023	1.67	1.68	1.65	1.65	1.62	1.63
2024	1.70	1.71	1.67	1.68	1.64	1.65
2025	1.69	1.70	1.66	1.67	1.62	1.64
2026	1.70	1.71	1.67	1.67	1.63	1.64
2027	1.70	1.71	1.66	1.67	1.62	1.64
2028	1.69	1.70	1.66	1.67	1.63	1.64
2029	1.70	1.71	1.66	1.67	1.63	1.64
2030	1.70	1.71	1.66	1.67	1.62	1.64
2031	1.69	1.71	1.66	1.67	1.63	1.64
2032	1.69	1.70	1.66	1.67	1.63	1.64
2033	1.69	1.70	1.66	1.67	1.63	1.64
2034	1.69	1.70	1.66	1.67	1.63	1.65
2035	1.69	1.71	1.66	1.67	1.63	1.64
2036	1.69	1.70	1.66	1.67	1.63	1.64
2037	1.69	1.70	1.66	1.67	1.63	1.64
2038	1.69	1.70	1.66	1.67	1.63	1.64
2039	1.69	1.70	1.66	1.67	1.63	1.64
2040	1.69	1.70	1.66	1.67	1.63	1.64
2041	1.69	1.70	1.66	1.67	1.63	1.64
2042	1.69	1.70	1.66	1.67	1.63	1.64
2043	1.69	1.70	1.66	1.67	1.63	1.64
2044	1.69	1.70	1.66	1.67	1.63	1.64
2045	1.69	1.70	1.66	1.67	1.63	1.64
2046	1.70	1.71	1.66	1.67	1.63	1.64
2047	1.70	1.71	1.66	1.67	1.63	1.64
2048	1.69	1.70	1.66	1.67	1.63	1.64
2049	1.70	1.71	1.66	1.67	1.63	1.64
2050	1.70	1.71	1.66	1.67	1.62	1.64

表 3-7　不同情景设定下 21～30 岁农民工数量预测值调整区间

单位：万人

年份	乐观情景调整区间		基准情景调整区间		悲观情景调整区间	
	低	高	低	高	低	高
2023	6 087.26	6 129.28	5 992.42	6 012.83	5 876.57	5 916.79
2024	6 156.88	6 199.33	6 052.58	6 075.62	5 929.48	5 970.11
2025	6 128.09	6 170.32	6 020.09	6 046.64	5 897.01	5 937.43
2026	6 151.56	6 193.90	6 036.03	6 061.44	5 904.17	5 944.69
2027	6 148.58	6 190.87	6 027.15	6 054.94	5 891.83	5 932.31
2028	6 137.98	6 180.30	6 035.22	6 054.56	5 910.09	5 950.59
2029	6 146.91	6 189.21	6 032.09	6 053.85	5 897.33	5 937.82
2030	6 154.53	6 196.84	6 031.84	6 056.02	5 891.62	5 932.12
2031	6 144.38	6 186.68	6 030.76	6 056.14	5 900.82	5 941.32
2032	6 129.51	6 171.82	6 029.79	6 057.59	5 916.17	5 956.66
2033	6 123.95	6 166.25	6 030.27	6 056.87	5 921.49	5 961.98
2034	6 117.36	6 159.67	6 032.15	6 055.11	5 928.20	5 968.69
2035	6 142.71	6 185.02	6 029.10	6 058.10	5 902.78	5 943.28
2036	6 135.48	6 177.78	6 029.71	6 057.52	5 912.47	5 952.96
2037	6 136.07	6 178.38	6 030.31	6 056.90	5 911.86	5 952.35
2038	6 130.64	6 172.94	6 029.11	6 058.12	5 917.30	5 957.79
2039	6 132.45	6 174.76	6 028.50	6 058.72	5 915.48	5 955.98
2040	6 134.26	6 176.57	6 033.94	6 053.28	5 913.67	5 954.16
2041	6 135.47	6 177.78	6 032.13	6 055.09	5 912.46	5 952.96
2042	6 137.29	6 179.59	6 032.73	6 054.49	5 910.65	5 951.14
2043	6 138.49	6 180.80	6 031.52	6 055.70	5 909.44	5 949.93
2044	6 136.08	6 178.38	6 035.75	6 051.47	5 911.86	5 952.35
2045	6 138.49	6 180.80	6 033.34	6 053.88	5 909.44	5 949.93
2046	6 146.35	6 188.66	6 032.13	6 055.09	5 901.59	5 942.08
2047	6 151.19	6 193.49	6 030.31	6 056.91	5 896.75	5 937.24
2048	6 136.68	6 178.99	6 030.92	6 056.30	5 911.25	5 951.75
2049	6 147.56	6 189.87	6 029.71	6 057.51	5 896.75	5 937.24
2050	6 154.21	6 196.51	6 033.94	6 053.28	5 890.10	5 930.59

表 3-8 不同情景设定下 21～30 岁农民工所占比例预测值调整区间

单位：%

年份	乐观情景调整区间		基准情景调整区间		悲观情景调整区间	
	低	高	低	高	低	高
2023	21.08	21.23	20.75	20.82	20.35	20.49
2024	21.33	21.47	20.97	21.05	20.54	20.68
2025	21.22	21.37	20.85	20.94	20.42	20.56
2026	21.31	21.45	20.91	21.00	20.45	20.59
2027	21.30	21.44	20.88	20.97	20.41	20.55
2028	21.26	21.41	20.90	20.97	20.47	20.61
2029	21.29	21.44	20.89	20.97	20.43	20.57
2030	21.32	21.46	20.89	20.98	20.41	20.55
2031	21.28	21.43	20.89	20.98	20.44	20.58
2032	21.23	21.38	20.89	20.98	20.49	20.63
2033	21.21	21.36	20.89	20.98	20.51	20.65
2034	21.19	21.34	20.89	20.97	20.53	20.67
2035	21.28	21.42	20.88	20.98	20.45	20.59
2036	21.25	21.40	20.89	20.98	20.48	20.62
2037	21.25	21.40	20.89	20.98	20.48	20.62
2038	21.23	21.38	20.88	20.98	20.50	20.64
2039	21.24	21.39	20.88	20.99	20.49	20.63
2040	21.25	21.39	20.90	20.97	20.48	20.62
2041	21.25	21.40	20.89	20.97	20.48	20.62
2042	21.26	21.40	20.90	20.97	20.47	20.61
2043	21.26	21.41	20.89	20.98	20.47	20.61
2044	21.25	21.40	20.91	20.96	20.48	20.62
2045	21.26	21.41	20.90	20.97	20.47	20.61
2046	21.29	21.44	20.89	20.97	20.44	20.58
2047	21.31	21.45	20.89	20.98	20.42	20.56
2048	21.26	21.40	20.89	20.89	20.47	20.62
2049	21.29	21.44	20.89	20.98	20.42	20.56
2050	21.32	21.46	20.90	20.97	20.40	20.54

表 3-9 不同情景设定下 31～40 岁农民工数量预测值调整区间

单位：万人

年份	乐观情景调整区间		基准情景调整区间		悲观情景调整区间	
	低	高	低	高	低	高
2023	7 809.84	7 863.75	7 688.16	7 714.35	7 539.53	7 591.13
2024	7 788.42	7 842.12	7 656.48	7 685.63	7 500.76	7 552.16
2025	7 806.83	7 860.63	7 669.25	7 703.06	7 512.45	7 563.95
2026	7 809.14	7 862.89	7 662.48	7 694.73	7 495.09	7 546.53
2027	7 819.13	7 872.90	7 664.71	7 700.05	7 492.63	7 544.10
2028	7 798.77	7 852.54	7 668.20	7 692.78	7 509.22	7 560.68
2029	7 813.56	7 867.33	7 667.61	7 695.26	7 496.31	7 547.78
2030	7 821.53	7 875.29	7 665.60	7 696.33	7 487.40	7 538.87
2031	7 809.48	7 863.25	7 665.07	7 697.33	7 499.92	7 551.39
2032	7 790.15	7 843.92	7 663.42	7 698.75	7 519.01	7 570.48
2033	7 783.30	7 837.07	7 664.24	7 698.04	7 525.98	7 577.45
2034	7 774.82	7 828.59	7 666.52	7 695.71	7 534.40	7 585.87
2035	7 807.10	7 860.87	7 662.69	7 699.56	7 502.16	7 553.62
2036	7 797.87	7 851.64	7 663.45	7 698.79	7 514.44	7 565.90
2037	7 798.64	7 852.41	7 664.23	7 698.02	7 513.68	7 565.14
2038	7 791.73	7 845.50	7 662.69	7 699.56	7 520.59	7 572.05
2039	7 794.04	7 847.80	7 661.92	7 700.33	7 518.28	7 569.75
2040	7 796.34	7 850.11	7 668.83	7 693.41	7 515.98	7 567.44
2041	7 797.88	7 851.64	7 666.53	7 695.72	7 514.44	7 565.91
2042	7 800.18	7 853.95	7 667.30	7 694.95	7 512.14	7 563.60
2043	7 801.72	7 855.48	7 665.76	7 696.48	7 510.60	7 562.07
2044	7 798.64	7 852.41	7 671.14	7 691.11	7 513.67	7 565.14
2045	7 801.72	7 855.48	7 668.06	7 694.18	7 510.60	7 562.07
2046	7 811.70	7 865.47	7 666.53	7 695.72	7 500.62	7 552.08
2047	7 817.85	7 871.61	7 664.22	7 698.02	7 494.47	7 545.93
2048	7 799.41	7 853.18	7 664.99	7 697.25	7 512.91	7 564.37
2049	7 813.24	7 867.01	7 663.46	7 698.79	7 494.47	7 545.93
2050	7 821.69	7 875.45	7 668.83	7 693.41	7 486.02	7 537.49

表 3-10 不同情景设定下 31~40 岁农民工所占比例预测值调整区间

单位：%

年份	乐观情景调整区间		基准情景调整区间		悲观情景调整区间	
	低	高	低	高	低	高
2023	27.04	27.23	26.62	26.71	26.10	26.28
2024	26.98	27.16	26.52	26.62	25.98	26.16
2025	27.03	27.22	26.56	26.67	26.01	26.19
2026	27.04	27.23	26.54	26.65	25.96	26.13
2027	27.08	27.26	26.54	26.67	25.95	26.13
2028	27.01	27.19	26.56	26.64	26.00	26.18
2029	27.06	27.24	26.55	26.65	25.96	26.14
2030	27.09	27.27	26.55	26.65	25.93	26.11
2031	27.04	27.23	26.54	26.66	25.97	26.15
2032	26.98	27.16	26.54	26.66	26.04	26.22
2033	26.95	27.14	26.54	26.66	26.06	26.24
2034	26.92	27.11	26.55	26.65	26.09	26.27
2035	27.04	27.22	26.54	26.66	25.98	26.16
2036	27.00	27.19	26.54	26.66	26.02	26.20
2037	27.01	27.19	26.54	26.66	26.02	26.20
2038	26.98	27.17	26.54	26.66	26.04	26.22
2039	26.99	27.18	26.53	26.67	26.04	26.21
2040	27.00	27.19	26.56	26.64	26.03	26.21
2041	27.00	27.19	26.55	26.65	26.02	26.20
2042	27.01	27.20	26.55	26.65	26.01	26.19
2043	27.02	27.20	26.55	26.65	26.01	26.19
2044	27.01	27.19	26.57	26.63	26.02	26.20
2045	27.02	27.20	26.55	26.65	26.01	26.19
2046	27.05	27.24	26.55	26.65	25.97	26.15
2047	27.07	27.26	26.54	26.66	25.95	26.13
2048	27.01	27.20	26.54	26.66	26.02	26.20
2049	27.06	27.24	26.54	26.66	25.95	26.13
2050	27.09	27.27	26.56	26.64	25.92	26.10

表 3 - 11　不同情景设定下 41～50 岁农民工数量预测值调整区间

单位：万人

年份	乐观情景调整区间		基准情景调整区间		悲观情景调整区间	
	低	高	低	高	低	高
2023	7 143.91	7 193.22	7 032.61	7 056.56	6 896.65	6 943.85
2024	7 155.19	7 204.53	7 033.98	7 060.76	6 890.92	6 938.14
2025	7 156.60	7 205.92	7 030.48	7 061.48	6 886.74	6 933.95
2026	7 166.47	7 215.79	7 031.88	7 061.47	6 878.26	6 925.47
2027	7 171.75	7 221.07	7 030.12	7 062.53	6 872.28	6 919.49
2028	7 155.02	7 204.34	7 035.22	7 057.77	6 889.36	6 936.57
2029	7 167.61	7 216.94	7 033.73	7 059.10	6 876.59	6 923.80
2030	7 175.41	7 224.73	7 032.36	7 060.55	6 868.88	6 916.10
2031	7 164.11	7 213.43	7 031.64	7 061.23	6 880.14	6 927.35
2032	7 146.50	7 195.83	7 030.24	7 062.65	6 897.76	6 944.98
2033	7 140.16	7 189.48	7 030.94	7 061.94	6 904.10	6 951.31
2034	7 132.41	7 181.73	7 033.05	7 059.83	6 911.85	6 959.07
2035	7 162.00	7 211.33	7 029.53	7 063.35	6 882.26	6 929.47
2036	7 153.55	7 202.87	7 030.23	7 062.65	6 893.53	6 940.74
2037	7 154.25	7 203.58	7 030.94	7 061.94	6 892.83	6 940.04
2038	7 147.91	7 197.23	7 029.53	7 063.35	6 899.17	6 946.38
2039	7 150.02	7 199.35	7 028.82	7 064.06	6 897.06	6 944.27
2040	7 152.14	7 201.46	7 035.17	7 057.72	6 894.94	6 942.15
2041	7 153.55	7 202.87	7 033.05	7 059.83	6 893.53	6 940.74
2042	7 155.66	7 204.99	7 033.76	7 059.12	6 891.42	6 938.63
2043	7 157.07	7 206.40	7 032.35	7 060.53	6 890.01	6 937.22
2044	7 154.25	7 203.58	7 037.28	7 055.60	6 892.83	6 940.04
2045	7 157.07	7 206.40	7 034.46	7 058.42	6 890.01	6 937.22
2046	7 166.23	7 215.56	7 033.05	7 059.83	6 880.85	6 928.06
2047	7 171.87	7 221.19	7 030.94	7 061.94	6 875.21	6 922.42
2048	7 154.96	7 204.28	7 031.64	7 061.24	6 892.12	6 939.34
2049	7 167.64	7 216.96	7 030.23	7 062.65	6 875.21	6 922.42
2050	7 175.39	7 224.72	7 035.17	7 057.72	6 867.46	6 914.67

表 3-12 不同情景设定下 41～50 岁农民工所占比例预测值调整区间

单位:%

年份	乐观情景调整区间		基准情景调整区间		悲观情景调整区间	
	低	高	低	高	低	高
2023	24.73	24.90	24.35	24.43	23.88	24.04
2024	24.78	24.95	24.36	24.45	23.86	24.03
2025	24.78	24.95	24.34	24.45	23.85	24.01
2026	24.82	24.99	24.35	24.45	23.82	23.98
2027	24.83	25.00	24.34	24.46	23.80	23.96
2028	24.78	24.95	24.36	24.44	23.86	24.02
2029	24.82	24.99	24.36	24.44	23.81	23.98
2030	24.85	25.02	24.35	24.45	23.79	23.95
2031	24.81	24.98	24.35	24.45	23.82	23.99
2032	24.75	24.92	24.34	24.46	23.89	24.05
2033	24.72	24.90	24.35	24.45	23.91	24.07
2034	24.70	24.87	24.35	24.45	23.93	24.10
2035	24.80	24.97	24.34	24.46	23.83	23.99
2036	24.77	24.94	24.34	24.46	23.87	24.03
2037	24.77	24.94	24.35	24.45	23.87	24.03
2038	24.75	24.92	24.34	24.46	23.89	24.05
2039	24.76	24.93	24.34	24.46	23.88	24.05
2040	24.77	24.94	24.36	24.44	23.88	24.04
2041	24.77	24.94	24.35	24.45	23.87	24.03
2042	24.78	24.95	24.36	24.44	23.86	24.03
2043	24.78	24.95	24.35	24.45	23.86	24.02
2044	24.77	24.94	24.37	24.43	23.87	24.03
2045	24.78	24.95	24.36	24.44	23.86	24.02
2046	24.81	24.99	24.35	24.45	23.83	23.99
2047	24.83	25.01	24.35	24.45	23.81	23.97
2048	24.78	24.95	24.35	24.45	23.87	24.03
2049	24.82	24.99	24.34	24.46	23.81	23.97
2050	24.85	25.02	24.36	24.44	23.78	23.94

表3-13　不同情景设定下 51 岁及以上农民工数量预测值调整区间

单位：万人

年份	乐观情景调整区间		基准情景调整区间		悲观情景调整区间	
	低	高	低	高	低	高
2023	7 766.59	7 820.20	7 645.59	7 671.63	7 497.78	7 549.09
2024	7 722.95	7 776.20	7 592.12	7 621.02	7 437.71	7 488.67
2025	7 752.42	7 805.85	7 615.80	7 649.38	7 460.09	7 511.23
2026	7 749.11	7 802.45	7 603.58	7 635.58	7 437.47	7 488.52
2027	7 761.83	7 815.21	7 608.55	7 643.63	7 437.72	7 488.82
2028	7 740.22	7 793.58	7 610.64	7 635.03	7 452.84	7 503.92
2029	7 755.60	7 808.97	7 610.74	7 638.18	7 440.71	7 491.79
2030	7 763.16	7 816.52	7 608.40	7 638.89	7 431.53	7 482.61
2031	7 751.37	7 804.74	7 608.04	7 640.06	7 444.12	7 495.21
2032	7 732.11	7 785.47	7 606.31	7 641.38	7 462.99	7 514.07
2033	7 725.35	7 778.72	7 607.18	7 640.72	7 469.95	7 521.03
2034	7 716.91	7 770.28	7 609.41	7 638.39	7 478.28	7 529.36
2035	7 748.96	7 802.33	7 605.63	7 642.22	7 446.29	7 497.37
2036	7 739.80	7 793.16	7 606.38	7 641.45	7 458.47	7 509.55
2037	7 740.57	7 793.93	7 607.15	7 640.69	7 457.72	7 508.80
2038	7 733.70	7 787.07	7 605.62	7 642.21	7 464.58	7 515.66
2039	7 735.99	7 789.36	7 604.86	7 642.98	7 462.29	7 513.37
2040	7 738.28	7 791.64	7 611.72	7 636.12	7 460.00	7 511.08
2041	7 739.80	7 793.17	7 609.43	7 638.40	7 458.48	7 509.56
2042	7 742.09	7 795.46	7 610.19	7 637.64	7 456.19	7 507.27
2043	7 743.61	7 796.98	7 608.67	7 639.16	7 454.67	7 505.75
2044	7 740.56	7 793.93	7 614.01	7 633.83	7 457.72	7 508.80
2045	7 743.61	7 796.98	7 610.96	7 636.88	7 454.67	7 505.75
2046	7 753.52	7 806.89	7 609.43	7 638.40	7 444.75	7 495.84
2047	7 759.62	7 812.99	7 607.14	7 640.69	7 438.66	7 489.74
2048	7 741.33	7 794.69	7 607.91	7 639.93	7 456.95	7 508.03
2049	7 755.05	7 808.42	7 606.38	7 641.45	7 438.66	7 489.74
2050	7 763.43	7 816.80	7 611.72	7 636.12	7 430.27	7 481.35

表 3-14 不同情景设定下 51 岁及以上农民工所占比例预测值调整区间

单位：%

年份	乐观情景调整区间		基准情景调整区间		悲观情景调整区间	
	低	高	低	高	低	高
2023	26.89	27.07	26.47	26.56	25.96	26.13
2024	26.75	26.93	26.29	26.39	25.76	25.94
2025	26.84	27.03	26.37	26.49	25.83	26.01
2026	26.83	27.02	26.33	26.44	25.76	25.93
2027	26.88	27.06	26.35	26.47	25.75	25.93
2028	26.80	26.99	26.35	26.44	25.81	25.98
2029	26.86	27.04	26.35	26.45	25.77	25.94
2030	26.88	27.07	26.35	26.45	25.73	25.91
2031	26.84	27.03	26.34	26.46	25.78	25.95
2032	26.77	26.96	26.34	26.46	25.84	26.02
2033	26.75	26.94	26.34	26.46	25.87	26.04
2034	26.72	26.91	26.35	26.45	25.90	26.07
2035	26.83	27.02	26.34	26.46	25.78	25.96
2036	26.80	26.99	26.34	26.46	25.83	26.00
2037	26.80	26.99	26.34	26.46	25.82	26.00
2038	26.78	26.96	26.34	26.46	25.85	26.03
2039	26.79	26.97	26.33	26.47	25.84	26.02
2040	26.80	26.98	26.36	26.44	25.83	26.01
2041	26.80	26.99	26.35	26.45	25.83	26.00
2042	26.81	26.99	26.35	26.45	25.82	26.00
2043	26.81	27.00	26.35	26.45	25.81	25.99
2044	26.80	26.99	26.37	26.43	25.82	26.00
2045	26.81	27.00	26.36	26.44	25.81	25.99
2046	26.85	27.03	26.35	26.45	25.78	25.96
2047	26.87	27.05	26.34	26.46	25.76	25.94
2048	26.81	26.99	26.34	26.46	25.82	26.00
2049	26.85	27.04	26.34	26.46	25.76	25.94
2050	26.88	27.07	26.36	26.44	25.73	25.91

表 3-15 不同情景设定下农民工月平均收入预测值调整区间

单位：元

年份	乐观情景调整区间		基准情景调整区间		悲观情景调整区间	
	低	高	低	高	低	高
2023	4 252.37	4 281.73	4 186.12	4 200.38	4 105.19	4 133.29
2024	4 227.58	4 256.73	4 155.96	4 171.79	4 071.44	4 099.33
2025	4 244.17	4 273.42	4 169.37	4 187.76	4 084.13	4 112.12
2026	4 242.13	4 271.33	4 162.46	4 179.98	4 071.53	4 099.47
2027	4 249.20	4 278.43	4 165.29	4 184.49	4 071.77	4 099.74
2028	4 237.32	4 266.53	4 166.38	4 179.73	4 080.00	4 107.96
2029	4 245.76	4 274.98	4 166.46	4 181.49	4 073.38	4 101.35
2030	4 249.89	4 279.10	4 165.17	4 181.86	4 068.34	4 096.30
2031	4 243.44	4 272.66	4 164.98	4 182.51	4 075.24	4 103.21
2032	4 232.89	4 262.11	4 164.03	4 183.23	4 085.56	4 113.53
2033	4 229.20	4 258.41	4 164.50	4 182.87	4 089.38	4 117.34
2034	4 224.58	4 253.79	4 165.73	4 181.59	4 093.94	4 121.90
2035	4 242.12	4 271.34	4 163.65	4 183.69	4 076.42	4 104.39
2036	4 237.10	4 266.32	4 164.06	4 183.26	4 083.10	4 111.06
2037	4 237.52	4 266.74	4 164.49	4 182.85	4 082.68	4 110.65
2038	4 233.77	4 262.98	4 163.65	4 183.68	4 086.44	4 114.40
2039	4 235.02	4 264.24	4 163.23	4 184.10	4 085.19	4 113.15
2040	4 236.27	4 265.49	4 166.99	4 180.34	4 083.93	4 111.90
2041	4 237.11	4 266.32	4 165.74	4 181.60	4 083.10	4 111.06
2042	4 238.36	4 267.57	4 166.15	4 181.18	4 081.85	4 109.81
2043	4 239.19	4 268.41	4 165.32	4 182.01	4 081.01	4 108.97
2044	4 237.52	4 266.74	4 168.24	4 179.09	4 082.68	4 110.64
2045	4 239.19	4 268.41	4 166.57	4 180.76	4 081.01	4 108.97
2046	4 244.62	4 273.83	4 165.74	4 181.60	4 075.59	4 103.55
2047	4 247.96	4 277.17	4 164.48	4 182.85	4 072.25	4 100.21
2048	4 237.94	4 267.16	4 164.90	4 182.43	4 082.26	4 110.23
2049	4 245.45	4 274.67	4 164.07	4 183.27	4 072.25	4 100.21
2050	4 250.04	4 279.26	4 166.99	4 180.34	4 067.66	4 095.62

表 3-16 不同情景设定下东部地区农民工月平均收入预测值调整区间

单位：元

年份	乐观情景调整区间		基准情景调整区间		悲观情景调整区间	
	低	高	低	高	低	高
2023	4 561.80	4 593.29	4 490.73	4 506.02	4 403.91	4 434.05
2024	4 531.35	4 562.59	4 454.58	4 471.54	4 363.98	4 393.89
2025	4 551.07	4 582.43	4 470.86	4 490.58	4 379.45	4 409.48
2026	4 547.91	4 579.22	4 462.50	4 481.28	4 365.01	4 394.97
2027	4 555.98	4 587.32	4 466.01	4 486.60	4 365.74	4 395.73
2028	4 543.00	4 574.32	4 466.94	4 481.26	4 374.33	4 404.30
2029	4 552.17	4 583.50	4 467.15	4 483.26	4 367.35	4 397.33
2030	4 556.54	4 587.86	4 465.70	4 483.60	4 361.89	4 391.87
2031	4 549.66	4 580.98	4 465.53	4 484.32	4 369.32	4 399.30
2032	4 538.33	4 569.65	4 464.50	4 485.08	4 380.37	4 410.35
2033	4 534.37	4 565.70	4 465.01	4 484.70	4 384.46	4 414.45
2034	4 529.41	4 560.74	4 466.32	4 483.32	4 389.35	4 419.33
2035	4 548.23	4 579.55	4 464.10	4 485.58	4 370.58	4 400.56
2036	4 542.85	4 574.17	4 464.54	4 485.12	4 377.73	4 407.71
2037	4 543.30	4 574.62	4 464.99	4 484.68	4 377.28	4 407.26
2038	4 539.27	4 570.59	4 464.09	4 485.57	4 381.31	4 411.29
2039	4 540.61	4 571.94	4 463.65	4 486.02	4 379.97	4 409.95
2040	4 541.96	4 573.28	4 467.67	4 481.99	4 378.62	4 408.61
2041	4 542.85	4 574.17	4 466.33	4 483.34	4 377.73	4 407.71
2042	4 544.19	4 575.52	4 466.78	4 482.89	4 376.39	4 406.37
2043	4 545.09	4 576.41	4 465.88	4 483.78	4 375.49	4 405.47
2044	4 543.30	4 574.62	4 469.02	4 480.65	4 377.28	4 407.26
2045	4 545.09	4 576.41	4 467.23	4 482.44	4 375.49	4 405.47
2046	4 550.91	4 582.23	4 466.33	4 483.34	4 369.67	4 399.66
2047	4 554.49	4 585.81	4 464.99	4 484.68	4 366.09	4 396.08
2048	4 543.75	4 575.07	4 465.44	4 484.23	4 376.83	4 406.82
2049	4 551.80	4 583.12	4 464.54	4 485.13	4 366.09	4 396.08
2050	4 556.72	4 588.05	4 467.67	4 481.99	4 361.17	4 391.15

表 3－17　不同情景设定下中部地区农民工月平均收入预测值调整区间

单位：元

年份	乐观情景调整区间		基准情景调整区间		悲观情景调整区间	
	低	高	低	高	低	高
2023	4 050.44	4 078.40	3 987.33	4 000.92	3 910.25	3 937.01
2024	4 029.15	4 056.93	3 960.90	3 975.98	3 880.34	3 906.93
2025	4 043.79	4 071.66	3 972.52	3 990.04	3 891.30	3 917.98
2026	4 042.43	4 070.26	3 966.51	3 983.21	3 879.86	3 906.49
2027	4 048.88	4 076.73	3 968.92	3 987.22	3 879.81	3 906.47
2028	4 037.70	4 065.54	3 970.10	3 982.83	3 887.79	3 914.43
2029	4 045.68	4 073.52	3 970.11	3 984.43	3 881.42	3 908.06
2030	4 049.64	4 077.48	3 968.91	3 984.82	3 876.65	3 903.29
2031	4 043.48	4 071.32	3 968.72	3 985.42	3 883.21	3 909.85
2032	4 033.44	4 061.28	3 967.82	3 986.11	3 893.05	3 919.70
2033	4 029.91	4 057.75	3 968.27	3 985.77	3 896.68	3 923.33
2034	4 025.51	4 053.35	3 969.44	3 984.55	3 901.03	3 927.68
2035	4 042.23	4 070.07	3 967.46	3 986.55	3 884.34	3 910.99
2036	4 037.45	4 065.29	3 967.85	3 986.15	3 890.70	3 917.34
2037	4 037.85	4 065.69	3 968.25	3 985.75	3 890.30	3 916.95
2038	4 034.27	4 062.11	3 967.45	3 986.54	3 893.88	3 920.53
2039	4 035.46	4 063.30	3 967.06	3 986.94	3 892.69	3 919.33
2040	4 036.65	4 064.49	3 970.64	3 983.36	3 891.49	3 918.14
2041	4 037.45	4 065.29	3 969.44	3 984.56	3 890.70	3 917.35
2042	4 038.64	4 066.48	3 969.84	3 984.16	3 889.51	3 916.15
2043	4 039.44	4 067.28	3 969.05	3 984.95	3 888.71	3 915.36
2044	4 037.85	4 065.69	3 971.83	3 982.17	3 890.30	3 916.95
2045	4 039.44	4 067.28	3 970.24	3 983.76	3 888.71	3 915.36
2046	4 044.61	4 072.45	3 969.44	3 984.56	3 883.54	3 910.19
2047	4 047.79	4 075.63	3 968.25	3 985.75	3 880.36	3 907.00
2048	4 038.25	4 066.08	3 968.65	3 985.35	3 889.90	3 916.55
2049	4 045.40	4 073.24	3 967.85	3 986.15	3 880.36	3 907.00
2050	4 049.78	4 077.62	3 970.64	3 983.36	3 875.98	3 902.63

表 3-18 不同情景设定下西部地区农民工月平均收入预测值调整区间

单位：元

年份	乐观情景调整区间		基准情景调整区间		悲观情景调整区间	
	低	高	低	高	低	高
2023	3 953.60	3 980.89	3 892.00	3 905.25	3 816.75	3 842.87
2024	3 935.75	3 962.88	3 869.07	3 883.80	3 790.38	3 816.35
2025	3 948.57	3 975.78	3 878.98	3 896.08	3 799.67	3 825.72
2026	3 947.98	3 975.15	3 873.83	3 890.14	3 789.20	3 815.21
2027	3 953.91	3 981.10	3 875.82	3 893.69	3 788.80	3 814.83
2028	3 943.18	3 970.36	3 877.16	3 889.58	3 796.77	3 822.79
2029	3 950.87	3 978.06	3 877.07	3 891.06	3 790.46	3 816.48
2030	3 954.79	3 981.98	3 875.95	3 891.49	3 785.85	3 811.87
2031	3 948.75	3 975.94	3 875.73	3 892.05	3 792.23	3 818.25
2032	3 938.95	3 966.14	3 874.87	3 892.74	3 801.86	3 827.88
2033	3 935.50	3 962.69	3 875.30	3 892.39	3 805.39	3 831.42
2034	3 931.21	3 958.40	3 876.45	3 891.21	3 809.65	3 835.67
2035	3 947.53	3 974.72	3 874.52	3 893.16	3 793.34	3 819.37
2036	3 942.87	3 970.05	3 874.90	3 892.76	3 799.55	3 825.57
2037	3 943.26	3 970.44	3 875.29	3 892.38	3 799.17	3 825.19
2038	3 939.76	3 966.95	3 874.51	3 893.15	3 802.66	3 828.68
2039	3 940.93	3 968.11	3 874.12	3 893.54	3 801.50	3 827.52
2040	3 942.09	3 969.28	3 877.62	3 890.05	3 800.33	3 826.35
2041	3 942.87	3 970.05	3 876.45	3 891.21	3 799.55	3 825.58
2042	3 944.03	3 971.22	3 876.84	3 890.82	3 798.39	3 824.41
2043	3 944.81	3 972.00	3 876.07	3 891.60	3 797.61	3 823.63
2044	3 943.26	3 970.44	3 878.78	3 888.88	3 799.17	3 825.19
2045	3 944.81	3 972.00	3 877.23	3 890.44	3 797.61	3 823.63
2046	3 949.86	3 977.05	3 876.45	3 891.21	3 792.56	3 818.58
2047	3 952.97	3 980.15	3 875.29	3 892.38	3 789.46	3 815.48
2048	3 943.64	3 970.83	3 875.68	3 891.99	3 798.78	3 824.80
2049	3 950.64	3 977.82	3 874.90	3 892.77	3 789.46	3 815.48
2050	3 954.91	3 982.09	3 877.62	3 890.05	3 785.18	3 811.21

表 3-19　不同情景设定下交通运输仓储邮政业农民工月平均收入预测值调整区间

单位：元

年份	乐观情景调整区间		基准情景调整区间		悲观情景调整区间	
	低	高	低	高	低	高
2023	4 991.40	5 025.85	4 913.63	4 930.37	4 818.64	4 851.62
2024	4 966.59	5 000.84	4 882.46	4 901.04	4 783.15	4 815.93
2025	4 983.91	5 018.26	4 896.08	4 917.67	4 795.98	4 828.86
2026	4 982.60	5 016.90	4 889.02	4 909.60	4 782.22	4 815.04
2027	4 990.37	5 024.69	4 891.82	4 914.37	4 781.99	4 814.84
2028	4 976.68	5 010.99	4 893.36	4 909.05	4 791.91	4 824.74
2029	4 986.47	5 020.78	4 893.32	4 910.97	4 784.01	4 816.85
2030	4 991.38	5 025.69	4 891.87	4 911.48	4 778.15	4 810.99
2031	4 983.77	5 018.09	4 891.62	4 912.21	4 786.23	4 819.07
2032	4 971.40	5 005.71	4 890.52	4 913.07	4 798.37	4 831.21
2033	4 967.05	5 001.36	4 891.07	4 912.64	4 802.84	4 835.68
2034	4 961.63	4 995.94	4 892.51	4 911.14	4 808.20	4 841.04
2035	4 982.23	5 016.54	4 890.07	4 913.60	4 787.63	4 820.47
2036	4 976.34	5 010.65	4 890.56	4 913.11	4 795.46	4 828.30
2037	4 976.83	5 011.15	4 891.05	4 912.62	4 794.97	4 827.82
2038	4 972.42	5 006.73	4 890.07	4 913.60	4 799.38	4 832.23
2039	4 973.89	5 008.20	4 889.58	4 914.09	4 797.91	4 830.76
2040	4 975.36	5 009.67	4 893.99	4 909.68	4 796.44	4 829.29
2041	4 976.34	5 010.65	4 892.52	4 911.15	4 795.46	4 828.31
2042	4 977.81	5 012.12	4 893.01	4 910.66	4 793.99	4 826.84
2043	4 978.79	5 013.10	4 892.03	4 911.64	4 793.01	4 825.85
2044	4 976.83	5 011.14	4 895.46	4 908.21	4 794.97	4 827.82
2045	4 978.79	5 013.10	4 893.50	4 910.17	4 793.01	4 825.85
2046	4 985.16	5 019.48	4 892.52	4 911.15	4 786.64	4 819.48
2047	4 989.09	5 023.40	4 891.05	4 912.62	4 782.72	4 815.56
2048	4 977.32	5 011.63	4 891.54	4 912.13	4 794.48	4 827.33
2049	4 986.14	5 020.46	4 890.56	4 913.11	4 782.72	4 815.56
2050	4 991.54	5 025.85	4 893.99	4 909.68	4 777.33	4 810.17

表 3-20 不同情景设定下建筑业农民工月平均收入预测值调整区间

单位：元

年份	乐观情景调整区间		基准情景调整区间		悲观情景调整区间	
	低	高	低	高	低	高
2023	4 916.61	4 950.55	4 840.01	4 856.49	4 746.44	4 778.92
2024	4 886.00	4 919.69	4 803.23	4 821.52	4 705.54	4 737.78
2025	4 906.15	4 939.96	4 819.69	4 840.94	4 721.15	4 753.51
2026	4 903.31	4 937.06	4 811.22	4 831.47	4 706.11	4 738.42
2027	4 911.73	4 945.51	4 814.73	4 836.93	4 706.63	4 738.96
2028	4 897.87	4 931.63	4 815.87	4 831.30	4 716.02	4 748.34
2029	4 907.69	4 941.46	4 816.02	4 833.39	4 708.43	4 740.76
2030	4 912.43	4 946.20	4 814.50	4 833.79	4 702.58	4 734.90
2031	4 904.99	4 938.77	4 814.30	4 834.56	4 710.57	4 742.89
2032	4 892.79	4 926.56	4 813.19	4 835.38	4 722.49	4 754.82
2033	4 888.52	4 922.29	4 813.74	4 834.97	4 726.90	4 759.23
2034	4 883.18	4 916.95	4 815.16	4 833.49	4 732.18	4 764.50
2035	4 903.46	4 937.23	4 812.76	4 835.92	4 711.93	4 744.26
2036	4 897.66	4 931.43	4 813.23	4 835.43	4 719.64	4 751.97
2037	4 898.15	4 931.92	4 813.72	4 834.95	4 719.16	4 751.49
2038	4 893.80	4 927.57	4 812.75	4 835.91	4 723.50	4 755.83
2039	4 895.25	4 929.02	4 812.27	4 836.39	4 722.06	4 754.38
2040	4 896.70	4 930.47	4 816.61	4 832.05	4 720.61	4 752.93
2041	4 897.66	4 931.43	4 815.17	4 833.50	4 719.65	4 751.97
2042	4 899.11	4 932.88	4 815.65	4 833.02	4 718.20	4 750.52
2043	4 900.08	4 933.85	4 814.68	4 833.98	4 717.23	4 749.56
2044	4 898.15	4 931.92	4 818.06	4 830.60	4 719.16	4 751.49
2045	4 900.08	4 933.85	4 816.13	4 832.53	4 717.23	4 749.56
2046	4 906.35	4 940.12	4 815.17	4 833.50	4 710.96	4 743.28
2047	4 910.21	4 943.98	4 813.72	4 834.95	4 707.10	4 739.43
2048	4 898.63	4 932.40	4 814.2	4 834.46	4 718.68	4 751.00
2049	4 907.31	4 941.08	4 813.24	4 835.43	4 707.10	4 739.43
2050	4 912.62	4 946.39	4 816.61	4 832.05	4 701.80	4 734.12

表 3 – 21　不同情景设定下服务业农民工月平均收入预测值调整区间

单位：元

年份	乐观情景调整区间		基准情景调整区间		悲观情景调整区间	
	低	高	低	高	低	高
2023	3 551.25	3 575.76	3 495.92	3 507.83	3 428.34	3 451.80
2024	3 531.78	3 556.13	3 471.95	3 485.17	3 401.34	3 424.64
2025	3 545.02	3 569.45	3 482.54	3 497.90	3 411.34	3 434.72
2026	3 543.63	3 568.02	3 477.07	3 491.71	3 401.11	3 424.46
2027	3 549.38	3 573.79	3 479.28	3 495.33	3 401.17	3 424.53
2028	3 539.53	3 563.93	3 480.27	3 491.43	3 408.11	3 431.47
2029	3 546.55	3 570.95	3 480.30	3 492.85	3 402.55	3 425.91
2030	3 550.01	3 574.41	3 479.24	3 493.18	3 398.36	3 421.72
2031	3 544.62	3 569.02	3 479.07	3 493.72	3 404.12	3 427.47
2032	3 535.81	3 560.21	3 478.28	3 494.32	3 412.74	3 436.10
2033	3 532.72	3 557.12	3 478.68	3 494.02	3 415.92	3 439.28
2034	3 528.86	3 553.26	3 479.70	3 492.95	3 419.74	3 443.10
2035	3 543.51	3 567.92	3 477.97	3 494.70	3 405.11	3 428.46
2036	3 539.32	3 563.73	3 478.31	3 494.35	3 410.68	3 434.04
2037	3 539.68	3 564.08	3 478.66	3 494.00	3 410.33	3 433.69
2038	3 536.54	3 560.94	3 477.97	3 494.70	3 413.47	3 436.83
2039	3 537.58	3 561.99	3 477.62	3 495.05	3 412.42	3 435.78
2040	3 538.63	3 563.03	3 480.76	3 491.91	3 411.38	3 434.74
2041	3 539.33	3 563.73	3 479.71	3 492.96	3 410.68	3 434.04
2042	3 540.37	3 564.78	3 480.06	3 492.61	3 409.63	3 432.99
2043	3 541.07	3 565.47	3 479.36	3 493.31	3 408.94	3 432.30
2044	3 539.67	3 564.08	3 481.80	3 490.87	3 410.33	3 433.69
2045	3 541.07	3 565.47	3 480.41	3 492.26	3 408.94	3 432.30
2046	3 545.60	3 570.01	3 479.71	3 492.96	3 404.40	3 427.76
2047	3 548.39	3 572.79	3 478.66	3 494.00	3 401.62	3 424.97
2048	3 540.02	3 564.43	3 479.01	3 493.65	3 409.98	3 433.34
2049	3 546.30	3 570.70	3 478.31	3 494.35	3 401.62	3 424.97
2050	3 550.13	3 574.54	3 480.76	3 491.91	3 397.78	3 421.14

表 3-22　不同情景设定下住宿餐饮业农民工月平均收入预测值调整区间

单位：元

年份	乐观情景调整区间		基准情景调整区间		悲观情景调整区间	
	低	高	低	高	低	高
2023	3 503.08	3 527.26	3 448.50	3 460.25	3 381.83	3 404.98
2024	3 485.08	3 509.11	3 426.04	3 439.08	3 356.36	3 379.36
2025	3 497.53	3 521.64	3 435.89	3 451.04	3 365.65	3 388.72
2026	3 496.46	3 520.53	3 430.80	3 445.24	3 355.85	3 378.88
2027	3 501.99	3 526.07	3 432.83	3 448.66	3 355.76	3 378.81
2028	3 492.35	3 516.42	3 433.88	3 444.88	3 362.68	3 385.72
2029	3 499.23	3 523.31	3 433.87	3 446.25	3 357.16	3 380.20
2030	3 502.67	3 526.74	3 432.84	3 446.60	3 353.04	3 376.08
2031	3 497.34	3 521.42	3 432.67	3 447.11	3 358.71	3 381.76
2032	3 488.65	3 512.73	3 431.89	3 447.72	3 367.23	3 390.27
2033	3 485.60	3 509.68	3 432.28	3 447.42	3 370.36	3 393.41
2034	3 481.79	3 505.87	3 433.29	3 446.36	3 374.13	3 397.17
2035	3 496.25	3 520.33	3 431.58	3 448.09	3 359.69	3 382.74
2036	3 492.12	3 516.20	3 431.92	3 447.74	3 365.19	3 388.23
2037	3 492.46	3 516.54	3 432.27	3 447.40	3 364.85	3 387.89
2038	3 489.37	3 513.45	3 431.58	3 448.09	3 367.94	3 390.99
2039	3 490.40	3 514.48	3 431.23	3 448.43	3 366.91	3 389.96
2040	3 491.43	3 515.51	3 434.33	3 445.34	3 365.88	3 388.92
2041	3 492.12	3 516.20	3 433.30	3 446.37	3 365.19	3 388.24
2042	3 493.15	3 517.23	3 433.64	3 446.03	3 364.16	3 387.20
2043	3 493.84	3 517.92	3 432.95	3 446.71	3 363.47	3 386.52
2044	3 492.46	3 516.54	3 435.36	3 444.31	3 364.84	3 387.89
2045	3 493.84	3 517.92	3 433.99	3 445.68	3 363.47	3 386.52
2046	3 498.31	3 522.39	3 433.3	3 446.37	3 359.00	3 382.04
2047	3 501.06	3 525.14	3 432.27	3 447.40	3 356.25	3 379.29
2048	3 492.81	3 516.89	3 432.61	3 447.06	3 364.50	3 387.55
2049	3 499.00	3 523.08	3 431.92	3 447.74	3 356.25	3 379.29
2050	3 502.78	3 526.86	3 434.33	3 445.34	3 352.46	3 375.51

表 3－23　不同情景设定下制造业农民工月平均收入预测值调整区间

单位：元

年份	乐观情景调整区间		基准情景调整区间		悲观情景调整区间	
	低	高	低	高	低	高
2023	4 292.94	4 322.57	4 226.05	4 240.45	4 144.35	4 172.71
2024	4 263.12	4 292.51	4 190.90	4 206.85	4 105.66	4 133.79
2025	4 282.25	4 311.77	4 206.79	4 225.34	4 120.78	4 149.03
2026	4 279.00	4 308.45	4 198.63	4 216.30	4 106.91	4 135.10
2027	4 286.74	4 316.22	4 202.08	4 221.45	4 107.74	4 135.95
2028	4 274.45	4 303.91	4 202.88	4 216.35	4 115.74	4 143.95
2029	4 283.12	4 312.59	4 203.11	4 218.27	4 109.21	4 137.43
2030	4 287.20	4 316.67	4 201.73	4 218.57	4 104.06	4 132.27
2031	4 280.74	4 310.21	4 201.58	4 219.26	4 111.06	4 139.27
2032	4 270.07	4 299.55	4 200.60	4 219.97	4 121.45	4 149.66
2033	4 266.35	4 295.83	4 201.09	4 219.62	4 125.31	4 153.52
2034	4 261.69	4 291.16	4 202.32	4 218.32	4 129.90	4 158.11
2035	4 279.39	4 308.86	4 200.23	4 220.44	4 112.24	4 140.45
2036	4 274.33	4 303.80	4 200.65	4 220.01	4 118.97	4 147.18
2037	4 274.75	4 304.23	4 201.07	4 219.60	4 118.55	4 146.76
2038	4 270.96	4 300.43	4 200.23	4 220.44	4 122.34	4 150.55
2039	4 272.23	4 301.70	4 199.81	4 220.86	4 121.07	4 149.28
2040	4 273.49	4 302.96	4 203.60	4 217.07	4 119.81	4 148.02
2041	4 274.33	4 303.80	4 202.33	4 218.33	4 118.97	4 147.18
2042	4 275.59	4 305.07	4 202.75	4 217.91	4 117.71	4 145.92
2043	4 276.44	4 305.91	4 201.91	4 218.75	4 116.86	4 145.07
2044	4 274.75	4 304.22	4 204.86	4 215.81	4 118.55	4 146.76
2045	4 276.44	4 305.91	4 203.18	4 217.49	4 116.86	4 145.07
2046	4 281.91	4 311.38	4 202.33	4 218.33	4 111.39	4 139.60
2047	4 285.28	4 314.75	4 201.07	4 219.60	4 108.02	4 136.23
2048	4 275.17	4 304.64	4 201.49	4 219.18	4 118.13	4 146.34
2049	4 282.75	4 312.22	4 200.65	4 220.02	4 108.02	4 136.23
2050	4 287.38	4 316.85	4 203.60	4 217.07	4 103.39	4 131.60

第四节　当前农民工就业面对的挑战

从统计数据看，全国农民工就业正逐步恢复到疫情前水平，但宏观微观形势依然复杂严峻，短期和长期矛盾相互交织，当前农民工就业仍然面临严峻挑战。

一、经济增速放缓，就业压力增大

突如其来的新冠疫情对我国造成了巨大冲击，产业链和供求链遭受到了不同程度的破坏，社会经济发展的速度、规模和质量等各方面均有所受挫，众多行业的收益出现不同程度的缩减，企业遭遇减产、缩产、停产等困境，致使吸纳劳动力的数量和规模都有所降低。加之国际经济环境挑战升级，对我国社会经济和劳动力市场产生了巨大影响，如我国开展对外服务和劳务输出等国际贸易受阻、海外订单大量减少、外贸企业经营较为困难、跨国农民工多数滞留国内市场等。以上多重因素都直接诱发劳动力供需天平倾斜，劳动力需求端"上翘"，劳动力供给端"下沉"，农民工供大于求的情况逐渐加剧，失业率处于较高水平。另外，国内外经济社会秩序的恢复是一个逐步的过程，社会各个环节和领域的重启运行需要一个过渡期，各行业继续创造就业机会和提升就业吸纳能力更是需要时间，种种情况都使得当前农民工供需关系紧张。

二、经济转型升级，就业结构性矛盾突出

产业转型升级是保持经济增长内生动力的关键。经验表明，跨越中等收入陷阱必然伴随着产业结构升级，即经济结构从以劳动与资源密集型产业为主升级为以资本与技术密集型产业为主。然而产业升级面临诸多不确定性，甚至可能出现短期的摇摆反复，从而造成产业劳动需求的大幅波动。农民工自身文化和技能上的不足造成其转移能力不足，无法参与城市正规劳动力市场的竞争，最近几年沿海地区一些行业和企业出现了"有人无岗、有岗无人"的现象，很大程度上是因为企业转型升级后劳动力的素质与企业的岗位技术要求不适应而导致的。但城市发展又离不开以农民工为主体的产业大军，因而许多城市在农民工落户方面实施"高技能先落户、低技能后落户、无技能不落户"的政策，缺乏技术技能的农民

工只能望城兴叹。这也是现阶段我国城市化滞后、大批农民工被拒之城市大门之外的主要原因之一。

就业结构性失衡主要是指劳动力供给的结构和数量与市场需求不匹配。当前农民工面临着双重就业结构失衡的尖锐矛盾。一方面，受疫情影响，企业的用工需求大幅减少，在农民工的供给量保持不变或略有增加的情况下，农民工供给量大于市场用工需求量而导致农民工就业数量结构失衡矛盾；另一方面，当前中国正处于产业结构转型升级的关键期，智能制造、数字经济、新兴业态等快速发展，对知识型、技能型人才的需求快速增长，而相当数量的农民工所掌握的专业知识技能与产业结构转型升级所需的知识技能不匹配，从而导致农民工就业技能结构失衡矛盾。总体上，疫情冲击下，农民工就业数量结构失衡与长期产业结构转型升级下农民工就业技能结构失衡的双重矛盾交织，使农民工就业压力进一步加大。

近年来，众多行业都在加速改革升级，淘汰落后生产力，加紧抢占市场和资源，顺势削减用工数量，提高用工要求。农民工的既有技术与岗位匹配度逐渐降低，大量农民工成为企业转型发展的"牺牲品"，因无法满足新技术和岗位的要求而被迫离职失业。同时，新兴技术产业岗位不断涌现，尽管岗位多、薪资高，却面临技术人才短缺的难题，导致农民工只能扮演就业岗位的"局外人"。加之新生代农民工大量涌入市场，抢占了一部分原本属于老一代农民工的就业机会，但新生代农民工存在文化水平有限、工作经验不足、工作预期较高和择业就业盲目等问题，时常出现无法真正适应岗位要求、不愿从事脏苦累重的工作、不能及时扭转择业就业观等问题，导致就业难度加大。农民工知识水平较低和职业技能偏弱的现实，企业加速转型升级、提高岗位要求的趋势以及"新老农民工"代际更替的规律等情况，都加剧了农民工就业结构性矛盾。

受疫情影响，劳动力市场就业结构大范围变化的转换过程，表现为实体经济就业萎缩与新兴产业就业扩张并存。一方面，由于新冠疫情的传染性较强、人员流动和出行受限制等影响，服务业的用工需求出现断崖式下滑，虽然随着国内疫情的有效控制，制造企业逐步有所恢复，但在国外疫情大范围暴发给供应链带来严重冲击的情况下，总体上生存依然十分困难，就业抑制现象普遍突出；另一方面，蓬勃发展的新业态产业正在不断拓宽农民工的就业空间，尤其是数字经济、平台经济、共享经济等新兴领域和养老托幼、家政服务、物流快递、农村电商等新兴产业用工需求快速增长，成为解决农民工就业矛盾的重要领域。

另外，还存在着返乡创业劳动力与新型农业经营主体要素不匹配的问题。一方面，随着中国经济迈向新常态，增速放缓导致国内制造业经营困难，2011 年以来，制造业平均利润率长期维持在 2%～3% 的低利润率水平区间；另一方面，"人口红利"的逐渐消退导致劳动力成本上升，部分进城务工劳动力不得不选择返乡。此外，伴随城乡居民消费升级，以观光农业、休闲农业、创意农业、田园综合体等为核心的农村新产业新业态蓬勃发展，也吸引了城市劳动力返乡创业。但是，返乡创业的劳动力面临着土地要素的硬约束，面临着难以获得建设用地和设施农用地指标的难题。作为植根于农村的新型农业经营主体，也普遍面临设施农用地与建设用地供不足需的难题。因此，出现了返乡创业劳动力与新型农业经营主体争夺稀缺资源的问题。

三、就业短期化、不稳定性凸显

进入城市从事非农就业的部分农业劳动力的就业稳定性较差，难以融入城市生活。进城务工的农业劳动力需要实现从农业到非农业的职业转换，从农村到城镇的生活空间转换以及从农民向市民的身份转换，才能在真正意义上实现市民化。受制于户籍制度以及基本公共服务不均等的现状，大量进城务工的农业劳动力难以融入城市生活，在子女教育、住房、医疗保险、社会保险、养老保险方面难以获得平等权益。此外，部分进城务工的农业劳动力因缺乏技能，难以应对产业升级、技术革命等所产生的结构性失业风险，导致部分新生代农民工在城市难以获得"归属感"。

受新冠疫情等复杂因素影响，企业经营压力较大，为了达到降低成本、增加收益的目的，往往采取降薪裁员的方式来削减各项开支，在此过程中，农民工最容易遭到淘汰。而且，很多企业聘用农民工仅仅通过口头方式达成劳务关系，没有签订正式的劳动合同，更不会为农民工购买社会保险，使得农民工失去了法律保护和社保支持，一旦在城镇失业或失去收入来源，既没有社会保险，也不能获得本地的社会救助，直接暴露在风险之中，就会导致农民工在失业面前极为脆弱，流动性极强。加之当前经济不景气，就业机会减少，农民工为了维持基本生活水平，普遍选择以兼职、零工为主的短暂就业，或者靠亲朋好友介绍工作，囿于文化水平、工作能力以及人情世故等因素，农民工在遭受不公平的待遇时只能无奈接受，没有"反抗"的能力，被失业的风险所笼罩。另外，当前社会消费水平上升，生活资料价格上涨，农民工用于个人生活、家庭支出增加，但是就业机会及薪酬福利却在降低，导致农民工与工作、与城市的黏合度下降，众多农民工无法在城市生活，被迫离职返乡。

四、农民工人力资本短板问题始终没有得到有效解决

党的二十大报告指出，高质量发展是全面建设社会主义现代化国家的首要任务，加快建设现代化经济体系，推动经济实现质的有效提升和量的合理增长。农民工群体在我国经济建设和产业升级中扮演重要角色，但当前存在人力资本水平与产业升级不适应的突出矛盾。新时代建设现代化经济体系，需要切实提高农民工人力资本水平，尽快补足农民工人力资本结构短板，这既是满足农民工实现自身发展和美好生活需要的机遇要求，也是时代之势带来的挑战。当前，我国农民工人力资本短板主要体现在以下三方面。

一是农民工人力资本水平较低。外出农民工总体受教育水平虽在逐步提高，但总体学历仍以初中及以下为主。在吸纳农民工就业的主要行业，如建筑业、制造业以及餐饮住宿服务业中，农民工受教育程度明显偏低，仅在少数行业如信息传输、金融、商务租赁、教育、卫生和社会服务等行业中，初中及以下学历的农民工人数占比低于50%。不过，从趋势变化上呈现出一个积极信号，初中及以下低学历农民工占比开始逐渐下降。一方面，这种下降趋势与中国农民工整体受教育水平提高有关。另一方面，目前中国各行业在结构调整、促进转型的过程中，对高中及以上学历的农民工需求不断增大，受教育程度较低的农村劳动力人力资本积累与制造业及服务业的从业要求越发不相适应，这也导致经济结构与就业结构错幅改善缺乏动力。

二是农民工人力资本结构错位。20世纪60年代，我国对人力资本的投资并未实现经济增速，而对与产业内部结构升级相匹配的人力资本投资后实现了产业升级。单纯地改变农民工人力资本积累水平，不能推动人力资本水平与产业及各产业内部结构相适应，很难对产业升级起到促进作用。新时期，实现产业结构升级，需要贯彻新发展理念，注重增强经济质量和韧性，不仅要提高第三产业的占比，还要促进三次产业内部各行业的调整与升级。对农民工人力资本进行投资，不仅要注重农民工人力资本投资目前处于低水平的特征，也要注重农民工自身的

人力资本积累的结构特征。

2022 年，农民工就业主要集中于批发零售业、交通运输及仓储和邮政业、住宿餐饮业、居民服务和其他服务业相对低端的生活性服务业，在科研、技术、金融等知识、技术密集型服务业鲜有触及。一方面，产业升级过程中，低端生活性服务业就业弹性大，能够承担起吸纳农民工就业的功能，加快产业之间就业结构的调整，改善产值结构与就业结构的错位情况。另一方面，未来产业升级的着力点在于加快产业内部结构的调整。第三产业内部结构升级，重点是要实现生产性服务业的发展。中国拥有大量的农民工，如何将这一群体的劳动力转移到生产和知识、技术密集型的服务业，成为促进产业内部结构升级的重点。

根据产业内部各行业的要素投入情况，将要素划分为初级和高级两类。按照要素标准将二三产业内各行业划分为劳动密集型行业和非劳动密集型行业。根据国家统计局 2020 年第七次人口普查数据推算，中国第一产业所需劳动力受教育平均年限为 9.43 年；第二产业中，劳动密集型产业所需劳动力平均受教育年限为 11.05 年，非劳动密集型产业为 12.73 年；第三产业非劳动密集型产业所需劳动力平均受教育年限为 15.71 年，劳动密集型为 13.42 年。全国流动人口普查数据结果显示，年轻一代（19～34 岁）农民工已经充分达到第二产业劳动密集型行业所需的人力资本水平，但还未满足第二产业内部结构升级的基本条件要求，青年农民工群体总体上有能力迎接第二产业的结构升级；年轻一代农民工平均受教育年限的提高带来的人力资本积累仍处在蓄力阶段，在三产劳动密集型行业的人力资本供给未能超越目前行业需求，同时较三产非劳动密集型行业的需求仍有较大差距，这种差距目前无法通过短期的教育投资来弥补。

三是农民工人力资本面临产业升级门槛。职业技能培训对于以低学历为主的农民工群体实现人力资本后天积累更为重要，也是更现实的选择。全国流动人口监测调查数据显示，目前全国农民工接受过培训的占比不到 30%。在第二产业中，建筑业和制造业的就业农民工接受培训的比例较低，在技术、资本要素占比相对较高的行业中，受培训的农民工占比较高。随着资本、技术与人力资本等要素在不同行业集聚，第三产业中就业的农民工接受培训的比例也大致呈现出上升趋势，这体现出现代经济部门对劳动者需具备异质性人力资本的较高要求。

当前产业升级，更多的是产业内部转型升级，即体现为二、三产业对劳动力吸纳能力从强到弱、对人力资本质量的要求从低到高的调整。行业发展摆脱对劳动力供给的依赖，转为依靠资本和技术，这就对产业升级后劳动力的人力资本有了较高的"准入门槛"。例如，信息、科学研究、技术服务、金融等知识（技术）密集型行业对人力资本积累的要求与农民工目前的人力资本水平如一道天然的鸿沟，大部分农民工因自身人力资本积累有限，其具备的技能水平无法胜任这些行业的工作任务，仅依靠培训也难以满足产业升级的需要。

五、制度排斥引致高就业成本

现阶段，我国"三农"领域内各方面均有所改善，但城乡二元结构体制依然存在，导致相较于城镇，农村基础设施与公共服务水平偏低，这是农民融入现代化的首要阻碍。从内涵上讲，现代化既应实现充分发展，又应切实保障发展的公平性与均衡性。工业化初期，农业充当"辅助"角色，体制机制引导要素向城市与工业部门集中，城乡差距不断扩大。进入工业化中后期，我国经济社会发展转变为以城乡统筹与一体化为特征，工业开始反哺农业。党的十八大以来，经济社会的发展模式进一步向着城乡融合、以工补农、以城带乡的模式转变，但传统二元结构阻碍并不容易就此打破。一方面，"三农"长期服务于城市与工业，发展严重滞后，导致农民现代化的基础浅、起点低、短板多；另一方面，农业让步于工业、城市优先于农村已成为固化发展思路，经济增长的路径依赖难以轻易扭转。城乡二元结构集中体现为政策主导下城乡发展体制与机制的二元安排，由此造成农民发展的外部条件不足，阻碍了全面发展。这一点突出体现为社会保障制度与户籍制度不完善，客观上阻碍了农民就业结构进一步优化，造成城乡农民工"两栖人"及职业化转型缓慢。同时，农村劳动力就业市场不完善，导致农民工资性收入占比明显偏低，而要素市场改革滞后又阻碍了农民财产性收入的增长，使得农民收入结构欠缺现代化经济发展的特征，增加了农民工就业的成本，引致城乡居民绝对收入差距扩大。

进入城市从事非农就业的部分农业劳动力的就业稳定性较差，难以融入城市生活。进城务工的农业劳动力需要实现从农业到非农业的职业转换、从农村到城镇的生活空间转换以及从农民向市民的身份转换，才能真正意义上实现市民化。由于户籍制度的限制以及基本公共服务不均等，大量进城务工的农业劳动力难以融入城市生活，在子女教育、住房、医疗保险、社会保险、养老保险方面难以获得平等权益。此外，部分进城务工的农业劳动力因缺乏技能，难以应对产业升级、技术革命等所产生的结构性失业风险,导致部分新生代农民工在城市难以获得"归属感"。

六、平台控制、算法管理等带来新问题

数字经济并不会自发为农民工就业带来制度红利。马克思曾经深刻揭露机器的资本主义应用给社会带来的阶级分化和经济停滞弊端,数字技术在不加干预的资本逻辑运行中,同样也会出现大平台企业垄断、数字鸿沟扩大、"马太效应"加剧等风险,导致贫富分化和社会撕裂,与共同富裕的内在要求背道而驰,不利于实现农民工高质量就业。从劳动过程来看,平台只对劳动者完成工作任务的过程进行控制,其他时间由劳动者自我管理;与此同时,劳动者也可以自由选择工作地点和工作时间,拥有一定的工作自主权。除此以外,一个十分显著却容易被忽视的情况是平台用工给农民工就业带来了新挑战,即去雇主化、非人性化。

(1)平台隐形管理的去雇主化。不同于传统的自雇体制和他雇体制,网约工的生产体制是一种新的"类自雇体制"。一方面,网约工虽然能够自备劳动工具且亲自从事劳动,但他们必须依附于平台的信息和指令。另一方面,网约工普遍采取线上接单、线下服务的工作模式,他们可以自主决定上下线时间和在线时长。"类自雇体制"的显著优势是工作的自由与灵活,这也是数千万农民工对平台工作趋之若鹜的重要原因。如饿了么、蜂鸟配送发布的《2018外卖骑手群体洞察报告》显示,超过60%的骑手是因为工作时间自由才选择外卖配送行业。

然而,"类自雇体制"也存在一个显著的弊端,即劳动的去雇主化。也就是说,平台会想方设法绕开保护劳动者权益的法律规范,通过多种形式和劳动者建立非正式雇佣关系。一个明显的事实是,虽然平台经济的快速发展带来众多就业机会,但网约工与平台及其关联企业签订劳动合同的比例不高。多数网约工与平台及其关联企业签订的是劳务合同或者加盟协议,甚至不签任何合同或者协议。学者基于北京市多个平台企业的调查发现,60%以上的网约工未签订劳动合同,只有6.13%的网约工与第三方(劳务派遣公司或外包公司)签订劳动合同。网约工与平台签订的基本上是民事协议,没有任何一家平台与网约工直接签订劳动合同。这种民事协议规定的是一种类似合作的关系,而不是正式雇佣关系,往往得不到劳动法的有效保护。此外,在平台的宣传话语中,平台与网约工之间也是平等的关系,网约工类似于独立承包商,而不是劳动关系中的劳动者。去雇主化

的直接后果是平台用工中劳动关系的不稳定和界定困难，造成了平台与网约工之间的权责不明。

（2）**系统算法管理的非人性化。**平台用工有别于传统雇佣的特别之处在于大数据、人工智能等新技术的运用，这些新技术共同构成了平台的算法系统。借助算法系统，平台与网约工之间不必进行直接的接触，平台对网约工的管理实质是一种非人性化管理。两者的关系基本上等同于人机关系，一般情况下，平台负责下达指令，网约工负责接受指令并按指令行事。以外卖行业为例，骑手接到订单以后，平台系统会立即显示预计送达时间，骑手必须在规定时间内将外卖送到客户手中。在计算预计送达时间时，平台会对骑手的数据特征（包括所在位置、在线时间、接单数量、配送进度、用户评价）和订单状况、天气情况、路段情况进行综合数据模拟分析，在最短的时间内将订单派给最合适的骑手。此外，由于骑手不是每次只配送一个订单，因而在空间分布上就会涉及多个配送地址，平台系统还会提前规划骑手的最优配送路线。

虽然外卖平台将机器学习、运筹优化、仿真技术等最新的互联网技术应用于平台系统，号称能够实现订单与骑手的动态最优匹配，但实际上，算法所测算的配送速度往往是理想速度，忽略了各种拖延配送速度的不可控因素。2020 年 9 月，《人物》杂志撰写的文章《外卖骑手，困在系统里》刷屏社交网络，该文反映了平台算法和骑手实际工作之间的大量冲突，引起全网关注。冲突之所以会发生，往往是因为不可控因素的存在，如天气、交通状况、门禁制度等。诸多不可控因素带来的现实后果是，骑手只能将个人力量发挥到极致，通过超速、逆行、闯红灯等交通违法行为来弥补算法的漏洞与盲区。究其本质，这其实是平台利用算法系统进行算法管理，以便在实现自身利益最大化的同时，将劳动过程中的额外负担与危险抛给劳动者个体。

非人性化的管理方式不仅体现在骑手的劳动过程之中，而且体现在平台对劳动争议的处理上。从形式上来说，对于非个人原因导致的违规行为，骑手拥有申诉的权利。但事实上，骑手的申诉往往都会石沉大海，其申诉权利成为一种形式上的权利。即使平台处理骑手的申诉，也只是让骑手将证据提交系统，判定权始终掌握在平台手中，骑手无法为自己辩驳，更无法左右结果。总而言之，平台是各项劳动规则单方面的制定者，并且借助算法系统落实劳动规则，网约工无法和平台面对面接触或谈判，更不要说集体协商。在算法系统主导的非人性化管理之下，网约工早已被去人格化，各种流程、问题都只能通过应用软件系统来处理，平台则成为"算法化的、无法协商的雇主"。

七、农村人口老龄化日趋严重

当前，部分地区有效劳动力供给不充足，导致农业生产能力滑坡，部分耕地无人照管甚至荒芜，村庄空心化、农户空巢化等现象较为严重。虽然当前工商资本进入农业农村，为农业生产注入新要素，但部分地区仍出现了"弃耕毁约"的现象。越来越多的劳动人口不愿意从事农业，"60后还在种地、70后不种地、80后不想种地、90后不会种地"已逐步成为中国农村的现状。全国第三次农业普查的资料显示，农业生产经营人员年龄在55岁以上的比例已经达到33.6%。同时，农村地区人口老龄化也在加剧，2000年第五次人口普查数据显示，我国农村地区65岁及以上人口的比重为7.5%。2010年第六次人口普查数据结果表明我国农村地区65岁及以上人口的比重已上升至10.06%。国家卫健委发布的《2020年度国家老龄事业发展公报》显示，乡村65周岁以上老年人口占乡村总人口比例为17.72%。

第四章

共同富裕目标下农民工高质量就业的内涵及实现路径

第一节　共同富裕目标下农民工高质量就业的内涵

把握新发展阶段、贯彻新发展理念、构建新发展格局，农民工就业既要注重"数量"，更要注重"质量"。实现农民工更高质量就业反映了中国当前经济转型升级对就业工作的新要求，与新时代人民日益增长的美好生活需要和不平衡不充分的发展之间的矛盾相适应。当前，中国经济已由高速增长阶段转向高质量发展阶段。市场化改革对就业结构的调整与发展起到重要作用，充分保证了社会就业的数量与质量，极大地释放了社会就业潜力与经济增长活力，为高质量就业发展提供了事实依据。因此，实现农民工更高质量就业既是实现经济社会高质量发展的重要内容，也是实现经济社会高质量发展的条件和前提。

就业质量的概念源于国际劳工组织于1999年提出的"体面劳动"，可以从宏观和微观两个层面考察。二者分别衡量一个国家（地区）全体农民工和单个农民工在从事社会劳动中所得到的劳动条件优劣程度。围绕就业质量的测量，学者们提出了一系列指标，如劳动报酬的高低、有无社会保障待遇及水平的高低，工作时间的长短、劳动强度的大小、自身劳动权益能否得到保护，以及农民工对所从事工作的满意度、职业发展空间和社会评价等（刘素华，2005；赖德胜，2011；张抗私、李善乐，2015）。概括起来，农民工高质量就业应具备如下三个条件：总量充分、岗位稳定，社会保险和福利、合法权益得到保护，以及技能素质提升。

第一，充分和稳定是农民工就业的首要条件。江泽民在党的十六大报告中提出"社会就业比较充分"的目标。胡锦涛在党的十七大报告中提出"社会就业更加充分"的目标；在党的十八大报告中继续提出"就业更加充分"的目标，并提出要"推动实现更高质量就业"。习近平在党的十九大报告中提出"实现更高质量和更充分就业"这一新时代的新目标。较高的就业质量能增强就业的稳定性，减少招聘工人的成本，提高企业的经济效益，进而带来生产规模的扩大和用工数量的增加；反之，较低的就业质量会降低就业的稳定性，增加失业风险。研究发现，就业质量的提升有助于提高劳动生产效率，扩大就业需求，进而能够减少区域摩擦性失业风险（张顺、郭娟娟，2022）。

第二，农民工在工作过程中应有丰厚的工资，社保福利、劳动权益受到保护，即体面劳动，重点强调农民工就业的自由和尊严，本质是以人为本的劳动，劳动过程中应该充分考虑人的因素。①农民工是否能获得公平、合理的劳动报酬，即农民工通过就业能够获得合理的、稳步增长的劳动报酬，并且所获报酬能有效改善其家庭生活，体现自身的社会价值等。②农民工是否能获得充分的社会保护，即农民工能享受到法律政策制度资源提供的、完备的和必要的社会保护，社会保险覆盖率不断扩大、水平不断提升，社会保障状况良好等。③劳动关系是否和谐稳定，即劳动关系规范且逐步改善，农民工的社会组织权和就业权益能够得到充分、有效的保障等。研究发现，由于人力资本差距和户籍分割，农民工与本地农民工在就业环境、保障和感受方面存在明显差异（杨超、张征宇，2022）。

第三，评价就业质量状况还应包括农民工是否具有较强的就业能力。较强的就业能力可描述为：农民工通过教育、培训等途径进行了较好的人力资本投资和拥有较深厚的人力资本积累，使得这些劳动力一旦投入到生产环节就能实现较高的生产效率等。就业能力主要反映农民工的人力资本水平，可通过人均受教育年限和高级职业技能证书获取比例来衡量。

第二节 共同富裕目标下促进农民工高质量就业的实现路径

我国农民工数量庞大，这个群体的就业状况关系着整个经济社会发展大局稳定。农民工就业质量的影响因素来自不同层面。其中，宏观层面因素主要包括劳动力供需关系、劳动生产率、行业工资水平等；微观层面因素主要包括农民工就业岗位、职务、工作经验及其性别、健康状况、学历等人口学特征。就业质量的影响机制较为复杂，主要涉及劳动力市场分割、人力资本和社会资本三个因素。①二元劳动力市场分割理论将劳动力市场划分为主要市场与次要市场，各种阻碍劳动力市场化流动的规定和壁垒造成两个市场在劳动环境、福利报酬、晋升机会等方面存在差异。②人力资本是具有能动性的特殊生产要素，它通过调控与支配其他资源使总体效能达到最大化，对农民工的就业机会、工资收入、职业前景等均有重要作用。③社会资本是嵌入个体社会网络中的资源，也是调动网络资源实现行动目标的能力，它通过提供更多的就业信息、社会资源和社会支持，从而提升农民工的就业质量。就农民工自身而言，实现高质量就业需要树立科学的就业观和择业观，提升自身就业能力及综合素质。就政府而言，实现高质量就业需要推动经济社会高质量发展，为农民工就业提供经济支撑，营造公平公正的就业环境，实施以提升农民工就业技能为导向的积极就业政策。

一、关注劳动力就业结构的区域流动与重新配置

劳动力的区域流动与重新配置是实现农民工高质量就业的首要路径。劳动力的区域流动与重新配置既能使农村剩余劳动力向城市转移，提高就业率与劳动生产率，又能使返乡农民工或返乡投资者在农村发展生态农业与智慧农业，实现城乡劳动力的优势、资源和资本互补。因此，为实现农民工高质量就业，实现区域产业布局与农民工特征相匹配，需要统筹区域一体化发展，推进人口城镇化与乡村振兴，改革经济体制、户籍体系与就业体系，缩小区域间就业结构差距，破解限制人力资源区域流动的因素与劳动力市场供给之间的矛盾，合理配置劳动力资源与城乡间的就业人口流动，使劳动力在公有制经济与个体经济、民营经济、外商经济中合理配置。

二、协调产业结构与就业结构间的适配性

伴随传统产业的衰败和新兴产业的兴起，迫切需要促进社会劳动力素质与人力资本的转型发展，实现产业结构与就业结构双向升级，通过产业结构调整带动就业结构调整，调整就业人员以适合产业结构发展。在企业市场化改革与供给侧改革进程中，运用政策效应、市场机制、经济手段，有助于企业转型转产以吸纳就业、在岗失业人员培训转岗、支持"双创"活动等多渠道安置就业。同时，培育大众创业、万众创新的市场激励机制，把市场创业和市场就业结合起来，以创

业创新机制带动社会就业转型，有助于扩大服务业的就业规模与就业形式，实现多元化就业。因此，为实现农民工高质量就业，应通过高质量的产业和高新技术发展，推进科技农业、生态农业、生态旅游，落实国家战略规划与区域城市群发展，依靠职业发展教育与高科技人才培育计划，带动高质量的就业，带动科技人才就业，带动农村地区就业转型，解决区域产业与就业之间的不平衡，满足不同产业、不同层次、不同岗位的就业需求。

三、发挥数字经济对就业质量的提升作用

数字经济发展促进就业结构优化升级，是国内国际"双循环"新发展格局下实现更高质量就业的重要内容。虽然从短期看，数字技术进步可能会摧毁一些传统就业岗位，导致一些行业和岗位出现技术性失业，但从长期看，数字经济催生的许多新行业和新业态创造了就业机会，大量数字化新职业的广泛出现对劳动力市场产生了重要积极影响。数字经济的发展通过极大降低交易成本和压缩时空距离，推动了全球社会分工进一步深化，超级细化的分工正逐渐成为现实，对提升农民工就业质量具有重要影响。一是通过发展数字经济，有助于激发新增市场主体、新增企业等私营经济活力，拉动经济快速发展，促使各省（区、市）就业环境持续改善。二是通过发展数字经济，开展"互联网＋职业技能培训计划"，有助于提高整体就业能力，为就业质量提升奠定了良好的人力资源基础。三是通过发展数字经济，有助于拓宽农民工职业选择，提高整体劳动报酬，提高居民收入水平和社会保险参与率。四是数字经济的发展催生了众多新就业形态，改变了传统的雇佣关系和就业模式，衍生了大量的新型社会分工方式，有助于引发劳动保护新变化。

四、加强市场就业结构调整的制度体系建设

市场就业制度体系建设在增加就业总量、优化就业结构、提高就业质量等方面具有重要的保障作用。计划经济时代的"统包统配"和"自然就业"制度使农民丧失了就业选择的主动性和积极性，1980年的劳动部门介绍就业、自愿组织起来就业和自谋职业"三结合"就业政策使就业形式开始出现多样化，党和政府逐步实行积极的就业政策，就业开始向多元化、市场化、法制化、区域化转变。党的十八大以来实施的就业优先政策使就业保障体系得到完善，推动更高质量就

业。发挥市场多元化就业在劳动力配置中的决定性作用，需要健全统一规范的人力资源市场体系，促进劳动力、人才跨地区顺畅流动。一方面，就业市场的发展，需要建立和完善公共岗位就业服务制度、就业人员跨区域转移就业制度、就业平台服务制度、就业人员培训与管理制度、工会组织服务制度等，以在有效地扩大社会就业范围与提升就业能力的基础上，稳定农民工就业。另一方面，就业市场的发展，还需要完善的市场就业法律保障体系，保障农民工的就业自主性与安全性，构建和谐的劳动关系。

第五章

冀联集团服务农民工高质量就业的实践和理念

第一节 冀联人力资源服务集团基本情况

一、集团概况

冀联人力资源服务集团（以下简称冀联）始创于 2001 年，是人类社会"基础设施"的建设者，领先的企业数字化用工基础办公软件生产服务商，制定了全国第一套企业农民工用工管理制度，全国第一个以任务量多少为标准的工资管理制度，全国第一份农民工专属劳动合同，全国领先的标准、创新、专利联动的经营模式；开发了全国第一套企业数字化用工云系统；建设了全国第一个新业态职工工会联合会；研发了全国第一个在中国银保监会备案的职业伤害保险产品；是全国人力资源行业发明专利最多的企业之一。

自成立以来，冀联便以服务农民工高质量就业为宗旨，在保证使用农村剩余劳动力的企业合法合规的同时，全力协调劳资关系，为农民工提供全方位的权益保障服务；按照数字经济环境下劳动组织形式的变化，创新地提出了"制度引领＋数字化＋价值型"的企业管理新理念，让用工企业的绩效考核方式由传统的以业绩为导向逐渐转变为对劳动者素质技能提升所创造的价值进行评价。其核心产品"冀联用工云系统"是通过应用大数据、云计算等技术，结合冀联独创的数字化用工管理专利技术（包括"任务的发布、信息处理、监控的方法、装置及系统""用工平台评论挖掘的方法及系统""基于深度学习的劳动合同确定的方法和系统""简历文本相似度匹配方法和系统""求职简历推送方法与装置以及任务推送方法与装置""职位技能标签生成系统及方法"等多项专利技术），以构建企业数字化人力资源管理、合规用工和劳动者权益保障为切入点，开发的专门服务于企业用工数字化转型的人力资源管理和服务系统。系统以数据管理为核心,对企业的人力资源管理制度、产品、业态和模式进行全方位改造提升,再造重组业务流程;通过独创的劳动力分类调度法和以任务量多少为标准的薪酬计算方法,按照"咨询＋平台＋外包"的方式,为企业建立先进的数字化用工管理系统,持续推进企业经营管理方式信息化、数据化发展,帮助企业转型为全面数字化组织;通过数字化新能源的应用,按照真实、合规、合法的原则,让国家赋予企业用工、劳动者就业的各项优惠政策应享尽享,帮助企业实现先进的数字化用工管理制度体系建设。平台以"让每一位零工都有自己的工作,让每一位劳动者都有自己的专属就业经纪人,让所有工作者都实现体面劳动"为己任;以"全心全意为劳动者服务,让每一个劳动者更幸福"为使命;以"让更多的农民工实现稳定就业"为奋斗目标;以"创造社会价值、成就卓越人生"为价值观;致力成为最受劳动者信赖的就业服务平台。

冀联在中国企业用工云服务和数字服务方面持续探索,是中国领先的农民工招聘服务平台,产品主要有:冀联农村劳动力转移就业公共服务平台、冀联企业用工云系统、数字化用工平台、县域就业云平台、区域就业市场。目前服务农民工超过 100 万人,服务企业超过 3 000 家;拥有人力资源行业发明专利40 余项;先后被评为:人社部全国人力资源诚信服务示范机构、工信部国家中小企业公共服务示范平台、全国工商联人力资源委员会会员单位、中国劳动学会常务理事单位、人力资源服务京津冀区域协同地方标准起草审定单位、《企业人力资源管理师(劳务派遣管理员)国家职业技能标准(2020 版)》主要起草单位、河北省人社厅支持的"河北省民营人力资源服务机构联盟"主席单位、先进基层党组织、人力资源服务机构 5A 企业、中国劳动学会大数据专业委员会副会长单位、河北省"专精特新"企业、国家高新技术企业、河北省数字经济创新发展成长型企业、河北省大数据应用最佳实践案例企业、最具创新力企业、区域发展突出贡献单位、省会百家劳动保障守法诚信优秀企业、石家庄市新华区企业家协会会长单位、全国企业数字化转型典型案例企业、全国农业企业发展联盟理事会理事单位、2021 河北服务业企业 100 强、2021 河北服务业创新领先企业 50 强等;2021 年《冀联用工云平台管理与服务指南》在企业标准信息公共服务平台备案并发布;业务覆盖河北省、北京市、天津市、青海省、河南省、广西壮族自治区、山东省、辽宁省、陕西省、江苏省、山西省等区域。

二、服务项目

冀联的服务项目主要包含农民工就业服务（To C）、合规用工（To B）、公共就业服务（To G）和传统人力资源服务，具体见表 5－1。

表 5－1　冀联集团服务项目

农民工就业服务（To C）	企业合规用工服务（To B）	公共就业服务（To G）	传统人力资源服务
职业档案建立与管理	用工管理数字化解决方案	区域公共就业服务体系咨询、开发、建设与运营服务	人事代理
信用工作证办理与管理	帮助建立"制度引领＋数字化＋价值型"企业用工管理模式	县域公共就业服务体系咨询、开发、建设与运营服务	劳务派遣
劳动关系事务代理	即插即用的企业专属数字化用工管理软件	村庄/社区公共就业服务体系咨询、开发、建设与运营服务	灵活用工
职业介绍（撮合服务）	劳动关系托管服务	劳务品牌公共就业服务体系咨询、开发、建设与运营服务	人力资源外包
个人素质技能评价与价值评估	享受企业用工服务生态	高校公共就业服务体系咨询、开发、建设与运营服务	人才招聘
对用工企业进行信用评价	企业用工云体检	全域一体化劳动力分布和精准就业分析大数据平台	人才测评与评鉴
劳动争议预调解	劳动力信用评价		企业人才库建设
技能培训			管理培训与人才发展
就业、政策、法律咨询			人力资源咨询
党建服务			
工会会员入会及会员管理			

三、工作站与服务网络

自成立以来，冀联集团不断拓展服务网络，在全国多地建立了工作站。当前，冀联集团在北京市、天津市、河北省、山东省、江苏省以及青海省建立了较为完备的服务网络。且自 2019 年就已开始建设山西省、河南省、安徽省、内蒙古自治区、陕西省、重庆市、四川省、贵州省等地的服务网络。

第二节　新时代促进农民工高质量就业的冀联理解：理念和思路

一、新时代经济高质量发展与劳动者高质量就业的辩证统一

改革开放以来，我国以对外贸易为导向建立产品和产业体系，通过产品出口积累外汇。但由于工业化起步晚，在技术上不具备竞争力，资源出口又不具有可持续性，因此，出口主要依赖成本竞争，最大的成本就是劳动力成本。基于这样的时代特征，压低成本，尤其是劳动力成本就成为最主要的选择——低工资成为维持"外循环"最主要的方式。农民工的出现实际上是"外循环"发展逻辑的产物，服从的是企业压低工资、降低劳动力成本的需求。农民工为中国经济作出的最大贡献就是依靠低廉的工资，使得外贸企业最大程度上降低了劳动力使用成本，为顺利进行"外循环"提供成本竞争力。

但是，以"外循环"为主导的发展路径伴随着难以解决的结构性陷阱：一方面，是主动以低工资为代价出口换汇；另一方面，由于国内劳动者工资低，国内需求得不到开发，又只能依靠产品出口换汇，由此形成恶性循环。由于国外的高端技术并不会出口至国内，因此，积累的外汇大部分只能用来购买美国国债，随着经济危机和美元贬值，这种以"外循环"为主导的结构性陷阱的缺陷越发明显。以"内循环"为主导、"外循环"服从"内循环"的"双循环"成为必然选择。

要想突破以"外循环"为主导的结构性陷阱，必须解决低工资导致的低内需困境，因此，扩大内需是关键。扩大内需的根本在于通过提高劳动者素质技能，实现产业结构升级，从而提高劳动者的工资收入和社会保障。

经过改革开放 40 多年的积累，依靠廉价劳动力成本优势参与"世界经济大循环"、积累资本的历史任务也已经基本完成。2022 年，在世界都陷入疫情的艰难情况下，中国 GDP 继续逆势增长，突破 120 万亿元，相对 1978 年提升了 40 多倍，占全球经济的比重达到了 18%。转变经济发展方式、实现经济社会的高

质量发展成为企业当前面临的新时代命题。以畅通"内循环"为主导的"双循环"发展战略、实现经济社会的高质量发展也已经被国家明确为经济发展的战略方向。

因此，经济社会向高质量发展转型的本质就是转变以"廉价劳动力"为成本优势的产业定位和发展模式，从传统的依靠廉价劳动力的低端产业转向依靠高素质技能劳动者的高端产业。因此，劳动者高质量就业本身就是经济结构转型升级的体现。经济高质量发展与劳动者高质量就业本身就是同一问题的两个方面。

经过中华人民共和国成立后前 30 年的工业化建设和改革开放 40 多年的积累，进入中国特色社会主义新时代，国家已经具备了通过提高劳动者高质量就业来实现经济高质量发展的条件。转变传统的用工模式、实现企业高质量用工和劳动者高质量就业就成为新的时代任务。劳动者高质量就业包含劳动者素质技能提升、收入水平提升和劳动权益保障，其中，劳动者素质技能提升是企业保持长久竞争力和国家实现高质量发展的保证；劳动者收入水平提升和劳动权益保障是扩大内需、实现共同富裕的目标，也是持续提高国民收入水平，进而持续提高中国综合国力的实现路径。

以素质技能提高和收入保障提升为内涵的农民工高质量就业，对于促进扩大内需战略和供给侧结构性改革有机结合、增强国内大循环内生动力和可靠性具有关键作用。随着数字经济的发展，农民工的就业内容、就业形式、就业要求发生显著变化，对推动农民工高质量就业提出了新要求。

二、人力资源行业在新时代的定位：从服务企业转向服务劳动者

中国传统人力资源服务产业的出现实际上是"外循环"发展逻辑的产物，服从的是对外贸易所需要的廉价劳动力成本优势，因此服务于企业压低工资、降低劳动力成本的目标，最先出现的人力资源服务产业就是跨国公司寻找劳动外包服务的产物。无论是传统的人力资源外包、劳务派遣，还是后期发展起来的劳动法务服务、灵活用工服务等，服务的对象都是企业，服务的目标大多可以归结为降低企业的劳动力使用成本。一定程度上可以说，中国传统人力资源服务产业存在的主要价值就是降低劳动力使用成本，为顺利进行"外循环"提

供成本竞争力。

高质量发展与"内循环"趋势下，人力资源服务产业的转型逻辑是从服从企业降低劳动力成本的目标转变为服从提高劳动者收入从而扩大内需的目标。扩大内需的根本在于提高劳动者的工资收入，但劳动者收入的提高并不意味着内需的扩大，还需要将劳动者的收入转换为支出。就劳动者来说，主要的支出不是用于投资，而是用于满足生存和发展需求。

经济是人的经济。传统产业部门集中于产品和商品生产，服务业集中于直接提供服务。但是，无论是直接将产品和服务提供给人，还是通过为企业提供产品和服务间接服务于人，各行各业归根结底都是服务于人的生存和发展需求的。当产品需求逐渐得到满足，人们的需求越来越倾向于发展自身，教育培训支出已经开始成为人们增长最快的消费支出。

无论哪一阶段、哪一层次的人，其自身都具有发展自己、提升自己的内在需求；在技术迭代频繁的现阶段，普通劳动者也有不断提升自己素质技能的需求；用人单位也必须为劳动者提供能够不断提升其素质技能，满足其要求的用工制度、用工体系、用工平台，这样才能在原有产业框架内不断转型升级。这就为人力资源服务产业突破原有产品和服务框架提供了可能性：为了提高收入，劳动者有着提高自己素质技能的需求，提高了收入的劳动者有着进一步发展自身、自我提升的需求；能够为劳动者提高素质技能、发展自身、自我提升提供服务的正是人力资源服务产业。前者构成劳动者的人力资源服务需求；后者构成人力资源服务产业为劳动者提供人力资源服务供给。

因此，将人力资源服务产业的服务对象从企业转向劳动者，以为劳动者提高素质技能为服务目标，具有极大市场需求和发展潜力，不仅能够激活人力资源服务产业的"内循环"，将劳动者因素质技能提高而增加的工资收入再次用于劳动者的素质技能提高而产生人力资源服务需求；而且能积极推动人力资源服务向价值链高端延伸，使得人力资源服务产业作为新的增长极，带动相关产业发展，实现以人力资源服务产业内循环为主导的区域经济内循环。因此，在以"内循环"为主导的"双循环"发展体系趋势中，人力资源服务业将大有可为。

三、以劳动者素质技能结构主导投资结构和产业结构的新发展模式

冀联始终认为，劳动力素质技能的提高和发挥是一个地区经济发展的根本要素。产业结构是投资结构和劳动者素质技能结构相结合的体现，产业结构又决定了就业结构和消费结构。外贸导向型经济结构和以投资结构主导劳动者流动的经济发展模式虽然为经济发展提供了大量的原始资本积累和外汇，但也造成了长距离、大范围的农民工季节性流动，带来东西部差距扩大、农村空心化等问题，严重制约了乡村振兴和中国经济内循环。冀联则主张新时期要通过农村劳动力素质技能提高，实现以农民工素质技能结构主导投资结构，进而主导产业结构的区域经济发展和城乡融合新模式。

中国曾在农业文明时代领先于世，也在工业文明到来后出现了短暂的落后。经过发展，我国成立并开启了工业化进程。工业化的发展也带来了城乡差距。改革开放首先从农村开始，劳动力结构决定着产业结构的布局，从农业集体经济中解放出来的农业剩余劳动力带动了乡镇企业的大发展，全国经济发展虽有差距，但不具有必然性。我国在改革开放尤其是加入世贸组织以来，伴随着大规模的对外开放和城市改革，与具有丰富剩余劳动力的乡镇相比，东部沿海地区和城市企业逐渐取得资本和贸易优势。与之对应，中国将大规模的廉价劳动力作为比较优势，加入了国际经济大循环体系主导的国际分工格局，成为"世界工厂"，并据此吸引资本、积累资本，进而依靠资本积累进行产业机构升级。把廉价劳动力成本作为国际分工中的比较优势，决定了产业结构对贸易和外资具有严重依赖性，贸易结构和资本结构开始支配劳动力结构，由此影响了国内区域经济布局，产业迅速向东部沿海城市集聚。劳动力必须随着资本结构和贸易结构进行流动，劳动力输出地为资本聚集地打工。这种经济发展模式虽然对于劳动力的输入地和输出地的经济发展产生巨大作用，但劳动力输出地和输入地的差距确实也在扩大。沿海地区得到飞速发展，东西部差距、城乡差距迅速拉大，并且带来了长距离、跨区域的农民工流动。

随着数字经济和平台经济的发展，先进的数字产业进一步向少数东部头部城市聚集，率先发展数字企业和数字平台的城市建立起先发优势，由于数字化产业更不受时间、空间的限制，可以面对更广阔的大市场，所以数字经济越来越向少

数城市聚集，区域差距进一步扩大。传统产业的数字化改造也严重依赖数字基础设施和头部数字平台，所以落后地区的数字化改造实际上在源源不断为头部企业输送数据和利润，数字化发展进一步扩大了区域发展差距，高附加值产业进一步向沿海少数城市集聚，很多头部数字企业的资本属性和垄断属性越来越强，逐渐偏离服务实体、服务就业、带动经济发展的功能，对落后地区的劳动力吸纳功能也逐渐减弱。因此，虽然在头部数字企业和平台企业工作的劳动者收入大幅提高，但是数字产业比传统产业吸纳的劳动力却更少了，通过提高劳动力收来带动其他区域发展的功能也比传统制造业降低了。

冀联倡导以劳动者素质技能结构主导投资结构，进而主导产业结构的新发展模式，主张通过为产业升级培育和提供符合要求的高素质劳动力，并配套有效的用工制度、用工体系、用工平台，一方面，提升县域企业的用工效率，让更多合适的资本和企业进入县域、走进农村，改变传统的单一城市化发展模式，引导投资结构服从劳动力素质技能结构，将产业设在乡村，解决农村缺乏工业基础的问题，以此作为消除工农差别、城乡差别的尝试；另一方面，通过吸引相应投资和技术，实现技术进步和产业结构升级，并且把劳动者素质技能发挥所创造出来的大部分红利留在本地，提高本地的收入水平和消费水平，进而促进需求结构升级，激发劳动力所在地的整体发展活力。

四、新技术应用带来的平台劳动关系界定难问题还应该以新技术的应用来解决

随着数字经济的发展，平台用工现象和新业态劳动已经广泛分布在网约车、外卖、快递、家政服务、电商等各个领域。随着新技术、新业态的发展，越来越多农民工进入平台就业，从事新业态劳动。由于平台用工关系与传统用工关系相比发生了很多形式上的变化，新型关系的扩张不断带来许多新问题、新争议。冀联基于多年的实践探索，对几个关键问题形成了一定的判断。

第一，平台用工、灵活性就业是不是一个短暂的现象？冀联认为，平台用工不是一个短暂现象，而是由新技术带来的新趋势，不仅提高了劳动效率，而且促进了劳动力在全社会的配置，应该鼓励和支持它的发展，不能因为有问题就限制它的发展。

第二，平台用工到底是不是劳动关系？冀联认为，还是要充分考虑劳动者的

意愿，只要劳动者认为他的所得是工资，就应该考虑被认定为劳动关系。被认定为劳动关系并不意味着雇主承担不属于自己的责任。

第三，现有的劳动法律是否能够支撑平台用工劳动关系的建立？冀联认为是能够支持的。因为劳动关系的本质是雇主和雇员之间的权利义务关系。平台用工只是让劳动关系的场景发生了形式上的变化，如平台用工在工作质量、地点、时间、管理方式等形式上发生了很多改变。归结起来说，传统的劳动关系是一个劳动者对一个雇主，一对一的关系；平台用工则表现为一个劳动者对应多个雇主，一对多的关系。由于这种形式上的变化，让劳动关系权利义务的主体模糊了。但是，权利义务主体模糊不等于权利义务关系不存在。冀联认为，虽然劳动关系在形式上发生了很多变化，但是只要雇主雇员关系的本质没有变，那么由劳动法律所规定劳动关系中所包含的权利义务就存在而不是消失，只不过劳动关系中所包含的权利义务应该分散给不同的主体去承担。

第四，平台用工的问题和争议到底是由什么带来的？基于第三个判断，冀联认为，平台用工出现的那么多问题不是出在劳动关系存不存在上，而是出在劳动关系界定难上。所以才会出现有些平台利用界定难的漏洞故意逃避雇主责任，把本应该由雇主承担的责任推给政府和社会的现象。但是我们相信，更多的平台是愿意承担相应雇主责任的，但是由于界定难，劳动关系所包含的权利义务不仅在质上难界定承担主体，在量上也难界定份额，在没有形成规则之前，很多平台用工方并不清楚如何承担雇主责任，承担多少雇主责任。

基于以上判断，冀联提出如下主张：

首先，平台企业在建立之初就应该把履行社会责任，特别是保护劳动者合法权益的义务作为必要条件来进行考虑，这应该是所有企业要守住的底线。如果劳动效率提高、劳动力得到更充分的配置来了，但劳动者的权益保障却降低了，甚至是没有了，这不符合社会发展的趋势，也不符合社会主义核心价值观。如果技术的进步、效率的提升以减少劳动者权益为代价，那么技术进步、经济发展的意义就没有了。

其次，既然平台用工出现的问题主要是由于应用新技术带来的劳动关系界定难导致的，那么由新技术应用带来的问题就需要应用新技术来解决。冀联用工云平台就是运用互联网、大数据、云计算等数字化技术研发出来的，将劳动关系所包含的权利义务，尤其是劳动者的合法权益，用技术手段进行实现的工具。冀联现在还在进一步探索运用区块链技术建立共享账本、分账规则、激励机制，来实现劳动关系中的权利义务清晰化、明确化。这样，即使一个劳动者对应多个雇主，那么也可以将劳动关系所包含的权利义务，尤其是雇主责任，通过计量的方式，在承担主体和承担量上清晰透明地界定清楚，避免平台企业出现不保护劳动者权益的情况，也避免平台企业承担不必要的义务。

最后，不管是传统劳动关系，还是平台劳动关系，劳动者在与雇佣方的关系中仍然处于弱势，平台算法更是将劳动者置于全业务流程监管之下，平台劳动者实质上比传统工作劳动者受到更为严苛的劳动控制。冀联认为，不仅要严格计量、清晰界定各方要如何承担以及承担多少劳动关系中包含的权利义务，而且要有一系列的配套措施来保障劳动者的合法权益、协调各方利益。为此，冀联也做了很多工作，比如牵头建立了全国第一个新业态工会、在银保监会备案了第一个类工伤职业伤害保障保险产品等。

总之，平台用工是数字经济时代的产物，是生产关系变化和进步的一个具体表现，有问题就解决问题，既不能因为有问题就不发展，更不能掩耳盗铃回避问题。现在知名平台企业的业务已经覆盖全国，业务规则已经得到消费者广泛认可，在业务上基本形成了统一大市场。但是平台企业的业务是由平台上的亿万劳动者去从事的，虽然被社会各界普遍认可的平台企业的劳动力管理和使用规则还没有被探索出来，但是最终还是被探索出来的，形成一个以保障劳动合法权益为根本、与平台用工模式相匹配、确保劳动关系所包含的权利义务能够得到实现的、规范的劳动力统一大市场。

五、运用第三方数字化就业服务平台抗衡平台灵活用工中存在的"算法剥削"

平台经济和新就业形态已经成为中国经济新的增长点和发展新动能。平台上的灵活就业人员不仅包括从事网约车、外卖、快递、家政服务、电商等行业的新业态劳动者；随着企业用工流动性越来越强、用工成本越来越高、用工风险越来越大，在制造业、服务业、现代农业也出现了平台灵活用工现象。新型用工关系和新型劳动关系的扩张不断带来许多新问题和新争议。传统企业不仅面临着数字化转型和高质量发展转型的压力，在用工关系方面也面临多样性和合规性的挑战，亟须进行用工管理制度的数字化、合规化转型。

（1）**平台灵活用工和新业态劳动中的问题和争议。**平台用工的兴起源于技术进步使得平台依靠互联网在全社会配置劳动力成为可能。和以往企业在组织内部配置和使用劳动力的雇佣劳动关系相比，平台用工方式和劳动者就业方式发生根本变化。

平台用工和新业态劳动具有灵活性、不确定性等特点，因此，对平台灵活用工和新业态劳动从属关系的界定具有很大的模糊性。比如，一个人上午在美团送外卖，下午在顺丰送快递，晚上当滴滴司机，一个劳动者一天中就涉及三个平台，这里面就会出现很多问题，如：薪酬如何计算、权益如何保障、社保如何缴纳、职业伤害谁来买单等。这种劳动从属关系的模糊性，导致了平台灵活用工和新业态劳动经常发生薪酬纠纷、权益保障纠纷、事故责任纠纷等。

传统企业面对灵活用工时，要么面临流动性过高、劳动关系界定困难、参加城镇职工社会保险比例偏低等传统用工问题，要么陷入零工平台为其"规避用工责任"而设计的"强迫、引诱劳动者注册为个体工商户"模式，使得传统企业出现用工不合规的现象。

（2）**平台对平台灵活就业人员的"算法剥削"。**平台的数字霸权不仅体现为以"大数据杀熟"等形式侵害消费者权益，更体现为以"算法剥削"等形式侵害平台灵活就业人员和新业态劳动者的劳动权益。

由于平台灵活用工和新业态劳动是一种新型用工关系和新型劳动关系，平台又掌控着数据和算法，因此，在平台与平台灵活就业人员的关系中，平台处于绝对的霸权地位。平台不仅依靠对数据和算法的掌控，强化了对平台灵活就业人员和新业态劳动者的控制，而且依据新型劳动关系的模糊性弱化了对平台灵活就业人员和新业态劳动者的责任，主要表现为：

平台劳动完全是由数据驱动的，平台设置了复杂的考核机制和劳动报酬体系，比如基本提成、时段补贴、大额单补贴、重量补贴、冲单奖励、星级奖励等。这些考核机制和报酬体系背后有着复杂的算法和数据，只要平台设定了这样的机制，平台劳动者就会自动受制于数据驱动，数据驱动取代了层级管理。另外，卫星定位系统、顾客评价系统等技术手段及背后的数据和算法，共同支撑着平台、商家、消费者从事着对劳动者的全方位管控。

由于平台享有对数据和算法的控制权，因此，由平台灵活就业人员或新业态劳动者创造的数据又反过来成为进一步强化对劳动者控制的工具。比如，外卖骑手发现了更为节省时间的新路线，但平台反过来就将这一新路线设置为压缩骑手时间的要素。

虽然平台通过对数据和算法的控制强化了对平台灵活就业人员和新业态劳动者的管理控制，但是由于平台与劳动者之间关系十分复杂且不明确，平台在协议上往往以"信息提供服务"或者"信息撮合服务"提供者身份出现，避免与劳动者之间产生"劳动关系或雇佣关系"，以规避劳动者权益保障责任和事故赔偿责任，使得平台灵活就业人员和新业态劳动者在薪酬计算、权益保障、劳动时间、劳动保护等方面比传统劳动者遭遇更多的不公平。

由于劳动从属关系模糊、技术和实力有限，所以平台灵活就业人员和新业态劳动者面对平台的数字霸权，无论在挑战平台的算法和数据控制方面、争取自己数据权益方面，还是在面对争议时维护自己合法的劳动保障权益方面都处于劣势，平台灵活就业人员和新业态劳动者不仅面临算法和数据剥削，而且面临比传统劳动者更加不明确的劳动权益保障，维权也是难上加难。

（3）运用第三方数字化就业服务平台抗衡平台灵活用工中存在的"算法剥削"。 新兴的平台用工不仅是缓解就业压力的重要通道，也是满足人们消费需求的重要方式，更在运用新技术的基础上实现了资源和劳动力在全社会的有效配置。因此，平台用工模式的到来是不可阻挡的趋势。随着平台模式的普及，"平台—个人"的组织关系将逐渐取代"企业—员工"的组织关系。

针对平台用工出现的问题，出于资本盈利的需求，有些用工平台的法律部门会针对现有法律体系和监管体系框架的漏洞设计责任最小、成本最低的用工模式，使得平台用工中的违规现象越来越突出。

劳动者自身对于这些方面的知识一般是缺乏的，对权益保障的意识也比较差，当权益受到极大损害时要么忍气吞声，要么采取极端手段反抗，对社会稳定构成潜在威胁。因此，需要专业的第三方就业服务机构承担起为不同劳动者量身打造权益保障的任务。

为了适应更加具有灵活性的新型劳动组织形式，同时避免用工平台针对法律体系和监管体系的漏洞逃避责任，在党和政府以及工会组织领导下，运用第三方数字化就业服务平台抗衡平台灵活用工中存在的数字霸权，由此促进平台用工合规化、劳动关系和谐化，已经被实践证明是一条可供选择的解决路径。

第三节　新时代服务农民工高质量就业的冀联实践："冀联用工云"产品系列

"冀联用工云"是冀联集团所有产品的统合与全称，是一个"关注农民工权益的人力资源互联网平台"。"权益"之"权"，是劳动者地位的体现，"权益"之"益"，是劳动者价值、收益的体现。冀联系统以对农民工灵活用工正规化的精准服务模式实现了劳动者地位的提升，维护了农民工的劳动尊严，还增加了劳动者收入，提升了农民工的劳动价值成果，同时又提升了企业用工效率并促使企业合规经营。

"冀联用工云"以构建农民工权益保障和信用体系建设，以及明确企业劳动关系和合规用工为切入点，应用大数据、云计算等技术，结合冀联独创的数字化用工管理专利技术（如"劳动力分类调度法""以任务量为标准的薪酬计算方法""基于大数据的用工预测方法与系统及存储介质""分布式计算任务负载分配处理系统""基于智能负载均衡的任务匹配系统及存储介质""用于计算机的图形用户界面""任务信息处理方法与装置"等多项专利技术），以及冀联制定和编制的合规的"企业农民工用工管理制度"和《农民工专属劳动合同》等，自主研发了"冀联农村劳动力转移就业公共服务平台""冀联企业用工云系统""冀联数字化用工平台""冀联县域就业云平台""区域就业市场""冀联智慧村庄就业服务中心""冀联招聘""冀联用工云人事服务""冀联用工云体检"等系统功能产品（图 5-1）。为希望构建现代化用工制度的企业提供一个操作简单、功能丰富的数字化用工服务系统，通过新能源的应用，按照真实、合规、合法的原则，为企业设计一套数字化用工解决方案，同时支持企业构建先进的数字化用工管理制度体系。该系统拥有"七大产品优势""七大技术优势"以及"六大竞争优势"（表 5-2）。

```
                    ┌─────────────────────────────────────┐
                 ┌─▶│ 冀联农村劳动力转移就业公共服务平台 │
                 │  └─────────────────────────────────────┘
                 │  ┌─────────────────────────────────────┐
                 ├─▶│          冀联企业用工云系统          │
                 │  └─────────────────────────────────────┘
                 │  ┌─────────────────────────────────────┐
                 ├─▶│          冀联数字化用工平台          │
                 │  └─────────────────────────────────────┘
                 │  ┌─────────────────────────────────────┐
                 ├─▶│          冀联县域就业云平台          │
    ┌────────┐   │  └─────────────────────────────────────┘
    │        │   │  ┌─────────────────────────────────────┐
    │ 冀联用工云├──┼─▶│            区域就业市场            │
    │        │   │  └─────────────────────────────────────┘
    └────────┘   │  ┌─────────────────────────────────────┐
                 ├─▶│      冀联智慧村庄就业服务中心      │
                 │  └─────────────────────────────────────┘
                 │  ┌─────────────────────────────────────┐
                 ├─▶│             冀联招聘             │
                 │  └─────────────────────────────────────┘
                 │  ┌─────────────────────────────────────┐
                 ├─▶│         冀联用工云人事服务         │
                 │  └─────────────────────────────────────┘
                 │  ┌─────────────────────────────────────┐
                 └─▶│          冀联用工云体检          │
                    └─────────────────────────────────────┘
```

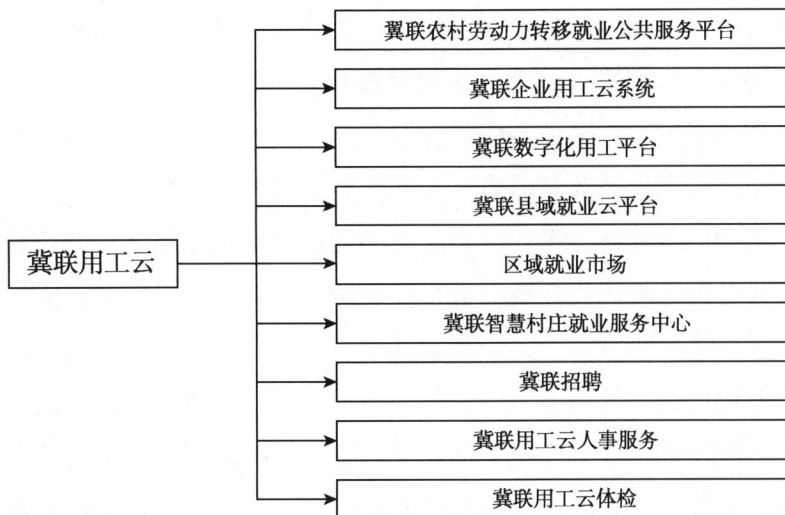

图 5 - 1　"冀联用工云"产品图

表 5 - 2　"冀联用工管理系统"的优势

七大产品优势	七大技术优势	六大竞争优势
劳动力分类调度法	数据传输采用 SSL 最高级别协议加密,保证安全	合法合规,有法律依据、理论依据、发票交易依据
以任务量为标准的薪酬计算方式	账号认证与监控系统,通过加密协议、安全网关进行监控	合理的组织架构,科学的管理方法
基于技能标签、地理位置的岗位推送	不同企业数据使用物理层隔离,保证数据不被篡改、泄露	服务模式安全,用人单位与劳动者权益双向有保障
银行系统专线对接、金税三期API端口兼容	同一企业采用多种权限设置方式,保证操作与数据安全	服务流程简单,双端系统,微信登录,操作简便
劳动力共享与余缺调剂	企业转账管理,与银行系统专线对接,保证资金安全	为企业提供增值服务,包括通过大数据分析编制的用工报告,举办行业论坛、沙龙、培训等
创新的职业伤害保障	采用微服务技术架构,实现高可用、高性能、高并发	采用 B2B 方式通过银联即时支付资金,确保资金安全
"线上＋线下"的全方位服务保障	物理数据库,采用多主多备结合方案,保证数据安全性	

一、To C 产品：冀联农村劳动力转移就业公共服务平台

"冀联农村劳动力转移就业公共服务平台"是农民工招聘就业服务平台,是

为农村剩余劳动力提供求职、就业保障服务的农村劳动力就业服务平台。

冀联长期以来都把农村劳动力作为直接服务对象，专注于生产制造业用工模式的转变，致力于生产制造业与农村劳动力用工关系的协调。随着互联网平台技术和数字化技术的发展，冀联研发了专注于为农村剩余劳动力求职、就业、交流服务的农村劳动力就业服务平台。农村劳动力通过手机微信端即可免费注册，加入平台的农村劳动力即成为冀联会员，冀联则成为劳动者的管家，为每位劳动者提供定制化的权益保障方案。无论是在城市打工的农村劳动力，还是由于农业季节性和制造业周期性，从城市回到农村，在平台上注册成为冀联会员的农村劳动力，都享受匹配适合工作、进行工资发放、职业技能培训、职业伤害保障、劳动争议预调解、加入新业态联合工会等全方位就业服务。如此，不仅实现农村劳动力的城乡流通无缝衔接，而且能实时搜集会员动态，监测农村劳动力的流动。

该服务平台旨在为农民工解决劳动收入、劳动关系、劳动争议、劳动伤害方面的问题，实现了用工单位登录、农民工登录、区域工作站登录、农民工网络专场招聘、企业用工信息展示、新闻宣传等数据共享，优化了农民工、人才、资本、技术、管理等要素的科学配置。

二、To B 产品：冀联企业用工云系统

"冀联企业用工云系统"是"冀联用工云"的核心，由冀联人力资源服务集团开发运营，政府、工会、银行、保险公司等各方共建共享，该系统实现了 PC 端、移动端、微信公众号、H5 多端合一，内容一键发布多端同步。

"冀联企业用工云系统"秉承"先进理念引导"和"市场需求反馈"相结合的原则，一方面坚持先进理念对企业发展的引导作用，通过精准研判经济规律和时代趋势，研发符合规律和时代特征的企业通用共性技术、企业共享基础设施、企业先进管理制度，引导企业实现数字化转型和高质量发展；另一方面坚持即时反映企业和劳动者的市场诉求，以技术、产品、服务等形式及时为企业发展和劳动者就业面临的各种难题提供解决方案。

能够在线提供用工制度管理、任务管理、电子合同签署、工资管理、订单管理、发票管理、人才库管理、商业保险管理、数据统计、信用评价、信用贷款等服务，同时能够为企业解决用工制度不健全、用工形式不明确、劳动合同权责不清晰、参保人数与发放工资人数不相符、社保基数核定不规范、未参保人员工资

无法正常入账、企业职工工资与参保工资不一致、社保和个税缴纳基数脱节、财务记账不规范、劳动纠纷证据链不完整等问题，有效地降低劳动争议和劳动纠纷的隐性风险。该平台支持农民工的多元化灵活就业方式，使企业和员工的用工关系"公开、透明、高效、可追溯"。

三、冀联数字化用工平台：标准化劳动力市场建设

平台按照健全政府公共服务、市场化服务、社会化公益服务相结合的中小企业服务体系，完善服务机构良性发展机制和公共服务平台梯度培育、协同服务和评价激励机制，提供规范化、精细化、个性化、高质量数字化用工服务，为区域经济高质量跨越式发展提供用工保障。平台作为冀联用工管理系统核心云产品，以大数据技术为基础，融合了云计算、区块链、AI、IOT（物联网）等新兴技术，党委和政府部门可以通过平台精准掌握企业用工数据动态，为建立区域内的就业岗位分析、余缺调剂、趋势研判、失业预警、技能培训等提供数据支持，为建设数字化服务体系提供数据基础。

四、To G 产品：冀联县域就业云平台

"冀联县域就业云平台"是"冀联用工管理系统"的子系统之一，主要面向政府提供服务。该系统根据县域农民工群体大、流动性强、岗位变动快等特点，构建了基于大数据的就业云平台，平台的建设内容包括需求分析、平台目标、平台功能等内容，通过主动为农村劳动力提供他们关心的就业岗位信息、工资结算、技能培训、家乡事资讯等，实现信息的主动采集、人岗的动态匹配和劳动力市场晴雨表反馈等功能，从而获取农村劳动力和岗位变化动态数据；通过就业大数据来动态掌握农村劳动力的变化情况和劳动力市场的需求情况，为农村劳动力提供个性化的精准服务以及为国家制定更加精准的农村劳动力服务政策提供技术基础，帮助企业降低成本、提高劳动生产率。

五、区域就业市场：线下就业服务平台

"区域就业市场"是冀联集团的实体线下平台，也是冀联集团线上线下联动的有机载体，其市场功能主要包括就业云平台的展示与劳动数据可视化，由灵活就业人员服务、就业服务、撮合服务与综合服务窗口组成，主要服务内容见表5-3。

表 5-3 "区域就业市场"服务内容

灵活就业人员服务	灵活就业人员社保代收代缴，人事档案管理与保存，集体落户手续办理服务，职称申报与服务，大中专毕业生接收手续办理服务等
就业服务	企业：用工登记，岗位信息发布，任务信息发布等； 劳动者：劳动者职业档案建立与管理，工会会员服务，求职登记，职业技能咨询与规划，技能培训登记，线上线下招聘会，灵活就业社保咨询与办理等
撮合服务	工资待遇代洽谈与撮合，劳务合同签订与鉴证，项目洽谈与沟通等
综合服务	职业伤害责任保险办理与赔付，工资代结算、劳动事务代理、信用贷款登记与推荐、劳动纠纷预调解等。通过市场看得见摸得着的服务建立起市场、企业与劳动者三方之间的互信和共识，畅通企业和劳动者之间的沟通渠道等

六、冀联智慧村庄就业服务中心：数字化村庄建设

冀联智慧村庄就业服务中心致力于以村庄为单位解决村民居民待业、新迁入、返乡等人员的就地就近就业、精准就业等难题，解决辖区企业招募渠道不畅、需求对接困难、双方合法权益难保障等难题，通过智慧村庄网格化的本地性就业服务和精准化的人才供需数据支撑，充分发挥村委会基层管理作用，强化党建引领，在提供就业机会的同时，为居民提供技能提升、权益保障、加入工会等系列就业服务。

七、冀联招聘：农民工专属求职招聘平台

"冀联招聘"是专注服务于农民工、失地农民、城中村居民就业的专属招聘平台，致力于成为县域招聘的门户平台，为劳动者提供真实可靠的岗位信息、就业技能培训、全程免费就业指导、劳动权益保障等综合性服务，为企业提供线上招聘信息发布、合规用工在线体检、用工政策在线解读等一体化服务，有效解决劳动者就业保障弱，就业通道不通畅，就近就业和企业招人难、留人难等难题。

八、冀联用工云人事服务：企业人力资源数字化管理系统

冀联用工云人事服务，以助力企业管理制度的合规化和数字化建设为价值导向，提供覆盖员工入、转、调、离的全生命周期管理和多层级组织管理，自动化合同管理，员工自助服务等功能，结合电子签章和身份认证技术，支持各种人事

协议及证明文件的电子化签署以及防篡改，实现人事管理内外协同、智能化、全程数字化。

九、冀联用工云体检：企业用工风险检测平台

冀联用工云体检是冀联用工云结合 20 年顶级专家为企业客户服务实战经验而建立的用工风险检测平台，全面解读企业用工相关法律法规，精选招聘录用、用工方式、劳动合同等十大方面企业用工问题，通过线上自助答题，企业用工健康度评分的模式，系统性地帮助企业快速定位用工风险并提供解决建议。

第四节　新时代服务农民工高质量就业的冀联成果：用工云战略生态

冀联集团自成立以来便专注于服务农民工就业，在保证企业合法合规使用农民工的同时，全力协调劳资关系，为农民工提供全方位的权益保障服务体系。随着互联网平台模式和数字技术的全面发展，冀联在全面总结服务农民工就业的基础上，打造出以"用工云"为核心、"用工保"为保障、"用工贷"为补充、"农业劳务品牌"为产业工人支撑的数字化合规用工服务产品生态，解决企业在用工方面的数字化转型难题以及由于灵活用工权责不清晰导致的企业用工不合规、劳动者权益保障难等问题。

一、"冀联用工云"：企业数字化基础用工系统

冀联用工云系统是一款企业数字化基础办公系统，由冀联集团开发运营并提供技术支撑，政府、工会、银行、保险公司等各方共建共享，秉承"先进理念引导"和"市场需求反馈"相结合的原则，一方面，坚持先进理念对企业发展的引导作用，通过精准研判经济规律和时代趋势，研发符合规律和时代特征的企业通用共性技术、企业共享基础设施、企业先进管理制度，引导企业实现数字化转型和高质量发展；另一方面，坚持即时反映企业和劳动者的市场诉求，以技术、产品、服务等形式及时为企业发展和劳动者就业面临的各种难题提供解决方案。

大量使用农民工的企业存在数字化转型难、转型贵、不敢转、不会转以及管

理制度落后、用工关系不规范的难题，而解决此类问题的企业共性基础技术和共性基础设施供给缺乏市场机制调节、不能及时反映市场需求。冀联自主研发的数字化用工云平台是一项自带规范用工制度、自动化用工流程、定制化劳动者权益保障体系方案的基础化数字用工产品。冀联数字化用工云平台为企业提供分类调度法：企业只要使用冀联数字化用工云平台，平台就自动按照新业态劳动者的城镇户口或农村户口、核心员工或非核心员工等标准，将企业从单一的劳动用工体系转变为多元的、分层的、满足业务需求的分类用工体系。使用冀联平台的企业自动与不同种类劳动者在线签订不同种类的电子劳动合同，确定具有明确权利和义务的新型劳动关系，有效帮助企业实现用工管理制度的数字化转型，使得企业用工规范化。

冀联用工云系统以企业数字化合规用工为核心，为企业提供定向贷款资金、定向用工保险，减少企业不必要的负担，降低企业用工成本，规范企业用工制度，使得企业用工合理合法合规，降低劳动争议和企业用工风险，为企业高质量发展和数字化转型提供低成本的动力和基础，为劳动者素质技能提升和高质量就业提供后盾和平台。系统采取政府指导、市场调节的手段，通过引入市场机制、改善供给结构，更快速、更灵活地根据市场需求提供企业需要的通用基础技术和共享基础设施。一方面，已经成为政府政策落地的工具；另一方面，也成为企业发展需求和劳动者就业需求的反馈平台，加强了政策调整的灵活性。

作为企业数字化基础办公系统，冀联用工云系统已经搭建起了系统的"政—银—保—企"企业发展和劳动者就业服务体系，研发出了多项企业共性通用技术、发明专利、行业标准，探索出了较为成熟的服务模式，现已服务企业 3 500 多家，服务劳动者 10 余万人，并且将通过进一步建设，力争成为价值型的企业通用基础技术和企业共享基础设施的建设和生产基地、新时代的劳动者就业服务和劳动权益保障服务基地。

二、"冀联用工保"：农民工职业伤害责任保险产品

为了解决农民工权益保障不足的难题，2018 年，冀联与中国人保成立专家组，在充分研究国家政策和市场的基础上，共同开发了"新就业形态人员职业伤害责任保险"产品，是在银保监会备案的首个农民工职业伤害责任保险

产品。

党的二十大报告中明确指出，支持和规范发展新就业形态，要完善劳动者权益保障制度，加强灵活就业和新就业形态劳动者权益保障。其中一项重要的落实举措就是开展新就业形态职业伤害保障试点。但在现实操作层面，由于灵活就业人员中绝大部分是农民工，存在户籍限制、城乡保障制度差异、新业态用工模式下劳动关系"模糊"等问题，相应的保障制度缺位，且无适合的渠道和主体实现多层面保障的链接。在社会各界仍在热议解决方案之际，"用工云保"产品已在"政府主导、商业保险公司运作，运用大数据、区块链等新技术，建立独立的职业伤害保险"这条道路上开始了现实的探索和实践。自2018年以来，人保和冀联成立了专家组，在充分研究国家政策和市场的基础上，共同开发了"新就业形态人员职业伤害责任保险"这个创新产品，并率先在银保监会备案。根据企业用工特点提供"合规性""全面性""灵活性"的保险产品；根据灵活就业人员工作任务情况，提供线上实时投保，并将保期与劳动期进行匹配。多达14项的职业伤害赔偿责任真正做到了让灵活就业人员也可获得全面的职业伤害保障。

冀联与人保合作开发的"职业伤害责任险"产品直接"嫁接"和内嵌在冀联用工云服务平台上，使用冀联用工云系统的企业自动与不同种类劳动者在线签订不同种类的电子劳动合同，确定具有明确权利和义务的新型劳动关系。针对劳动者的不同户籍身份、不同工作单位性质、不同职业身份、不同工作时间等，冀联为每位新业态劳动者量身定制权益保障服务体系，将养老、医疗、工伤、失业等社会保障种类进行切分、细分和匹配，以保证劳动者应保尽保，可以有效确保劳动者权益有保障。

三、"冀联用工贷"：企业用工专属贷款产品

县域经济是国民经济发展的基本单元，推动县域经济发展离不开金融的有效支持。由于使用农民工的县域企业规模小、抗风险能力差，冀联与中国建行河北分行共同开发了针对县域企业的"用工贷"产品，以协助企业保障农民工就业待遇，保障农民工工资按时发放，增强企业抗风险能力。

"用工贷"作为协助企业保障农民工工资按时发放、权益得到有效保障的金融产品，也直接"嫁接"和内嵌在冀联用工云服务平台上，使用冀联用工云系统

的企业在使用"用工云"系统半年以上，并取得良好信用的条件下，便可以申请使用该金融产品。

促进农民工高质量就业是一个需要多方合作的系统工程。冀联不仅自身聚焦劳动者素质技能的培育和提高，劳动者就业和企业用工的规范化、制度化建设，而且积极履行社会责任，联合政府相关部门、银行、保险公司共同构建了以国家发展战略和政府各项政策为导向、以真实准确的平台企业用工数据为基础、以信用贷款和职业伤害保险为保障、以相关平台企业和新业态劳动者为重点服务对象的"政＋银＋保＋企"数字化就业保障服务体系，为新业态劳动者和相关用工平台企业打造了包括人社政策扶持、金融支持以及劳动者职业伤害保障保险等在内的多层次、全方位的服务。四方数据共享、互相配合，冀联平台专门设立了政府端口，政府可通过数据指导和督促企业依法合规用工，监督劳动者权益保障情况，避免企业规避用工责任的同时，促进就业，加强失业预警，保持就业形势稳定。冀联的"企业数字化用工服务平台模式"受到了石家庄市、沧州市、衡水市等人社部门的肯定和推广。

四、"农业劳务品牌"：冀联农民工

冀联自 2001 年成立伊始便专注于为农民工素质技能提升和高质量就业服务。经过多年积累，冀联逐渐打造出以全新精神面貌为核心特征的"冀联农民工"综合性劳务品牌，获得了"精神面貌好、诚信求进取、主动学技能、遇事能商量"的口碑，在服务农民工就地就近就业、县域企业高质量用工方面取得了积极成效。

第一，精神面貌好是"冀联农民工"的核心素质。劳动者素质技能包含身体素质、技能素质和精神文化素质三方面。由于拥有一套完备的审核和保健体系，"冀联农民工"普遍具备良好的身心健康素质。在此基础上，冀联设计了诚信档案、劳动者激励、学习型组织、党员活动组织、新业态工会会员入会及服务等体制机制，使得"冀联农民工"具备积极进取、开拓创新、爱国爱党等健康向上的精神文化素质。

第二，在健康向上的精神素质引领下，加之冀联合理有效的市场化激励和约束机制，使得"冀联农民工"还具有诚信求进取、主动学技能、遇事能商量的特征。

首先，诚信求进取。冀联为农民工记录并生成云档案、云证书、云技能、云信用和持续更新的真实工作履历，并据此发放信用工作证，使得"冀联农民工"普遍具有踏实肯干、诚信劳动、积极进取的工作作风。

其次，主动学技能。冀联通过"互联网＋任务量"的管理模式，打造了以"任务量"为核算基础的薪酬计算方式，劳动者的收入与技能素质直接挂钩，使得每个农民工都具有主动学技能的意愿和动力。

最后，遇事能商量。冀联在创新用工制度的基础上理顺了用工关系，提供配套的职业伤害保险"用工保"，并且建立了劳动争议预调解机制，以此保障了企业合规用工和农民工权益有保障，使得农民工普遍具有很强的契约精神和履约意识，遇到纠纷时，不会走极端维权的道路，而是通过冀联劳动争议预调解机制协商解决。

在社会普遍面临"躺平""佛系"的情况下，具有健康向上、积极进取精神的"冀联农民工"的口碑效应逐渐凸显，得到了《农民日报》、《河北日报》、学习强国 App 等各级媒体报道。截至目前，"冀联农民工"劳务品牌培训并吸纳农民工就业 30 余万人，服务企业 3 000 余家。冀联在不同县域设置"县域工作站"，为县域特色产业培育和提供具备良好精神素质和专业技能素质的"冀联农民工"，有效实现了农民工群体快速、精准、安心就业，县域企业合规、省心、放心使用农民工。

第五节　新时代农民工高质量就业的合作联盟：协会建设与培训学院

一、河北省民营人力资源服务机构联盟

在冀联的积极参与、组织和推动下，河北省人力资源和社会保障厅（河北省人社厅）发起成立了"河北省民营人力资源服务机构联盟"。联盟以"塑造河北民营人力资源服务品牌新形象、开创河北民营人力资源服务业发展新格局"为宗旨，致力于推动河北民营人力资源服务行业抱团发展，推动人力资源基础性服务业务的政府购买与财政补贴申请。该联盟是在国家"供给侧改革"和"京津冀协同发展"的背景下成立的，是实现各成员单位合作共赢的平台，也是推进河北省

民营人力资源发展模式改革和政策创新的示范，有利于河北省经济转型升级、社会进步和京津冀协同发展。

二、河北省青年创业促进会

冀联较为关注青年创业以及人力资源服务行业的发展，在其大力推动和带头示范作用下，"河北省青年创业促进会"和"石家庄市人力资源服务行业协会"成立，为青年创业以及人力资源服务行业的良性发展提供了帮助。

"河北省青年创业促进会"是在"河北省民营企业家关心支持青年创业行动计划领导小组"的基础上组建的，经河北省工商业联合会同意，由省民政厅批准于2012年注册成立，是河北省指导青年创业的专门服务机构，主要承办由河北省教育厅、河北省人力资源和社会保障厅、河北省科技厅、河北省工业和信息化厅、河北省工商业联合会、河北日报报业集团举办的"河北省青年创业大赛"，每年举办20场次以上的创业训练营，每年举办30场次以上的创业大讲堂。目前有企业会员400余家，个人会员6000余名，创业导师127名，与17所大中专院校签订了合作协议。2015年6月18日经省政府主要领导批示，同意由河北省青年创业促进会牵头组建河北省电子商务产业引导基金。

三、石家庄市人力资源服务行业协会

"石家庄市人力资源服务行业协会"成立于2016年4月8日，它是由石家庄市从事人力资源服务的相关单位自愿发起组成的行业性、地方性、非营利性的社会组织。冀联作为会长单位在维护市场秩序、加强行业自律方面率先践行，充分发挥桥梁纽带作用，促进人力资源服务行业的有效配置及社会经济快速发展。

四、河北产业人才培训学院

冀联着力完善就业培训体系，在该集团的积极推动和大力支持下，河北产业人才培训学院于2017年10月获批办学许可证，同年12月中旬在民政厅完成登记。该学校为高等教育机构，办学内容为文化教育、职业培训、成考助学、自考助学等。该学院办学地址为石家庄市新华区和平西路486号。该学院以"校企互动、产教融合、学做合一"为办学理念，以"用心做事、诚实做人，追求卓越，服务社会"为宗旨，针对非公企业中高层员工，主要传授行业相关前沿理论、系统业务知识和管理技能，帮助他们快速提升有实战价值的理论知识水平，开拓视野和格局，在把握行业发展趋势的基础上，引导这些员工有目的地进行学历晋升、职称评定，有力地推动企业及相关行业转型发展；针对非公企业基层员工，主要侧重在专业理论指导下，进一步提升实践操作水平，将他们培养成理论与实战能力兼备的高素质技术技能人才，为他们的职位升迁、转职、技能鉴定等奠定理论和实践基础，促进企业及各行业人力资本均值水平的提升。该学院的成立为农民工以及各类新业态从业人员提供了学习交流的平台，有利于提升各类劳动力素质，推动产业结构的优化升级。

五、石家庄新业态职工工会联合会

由于冀联长期服务于农民工就业，而新业态从业人员 80% 左右又是农民工，这就为冀联牵头成立新业态工会提供了先决条件。在石家庄市总工会领导的支持和指导下，2020 年 5 月 28 日，石家庄新业态职工工会联合会在冀联挂牌成立，石家庄市 20 万名新业态劳动者将陆续加入工会组织。石家庄新业态职工工会联合会作为党委领导下的新业态劳动者组织，既是党联系新业态劳动者的桥梁和纽带，又是新业态劳动者的后盾，发挥协调劳资纠纷、维护新业态劳动者权益的职能。

石家庄新业态职工工会联合会成立以来，与集团、建行、人保、各地政府部门相互配合，积极探索从源头上治理劳资纠纷、构建和谐劳动关系的服务体系。

（1）建立了劳动争议预调解机制，形成了一套行之有效的新业态从业人员争议预处理制度和流程，并培养了一批新业态劳动争议预调解专业人才。为了把这项工作做得更好，在冀联下辖的所有实体市场设立了劳动争议预调解服务窗口。

（2）与中国人保合作，为新业态从业人员专门开发了人身损害赔偿，避免因病返贫、因残致贫的普惠险种——职业伤害保障保险。

（3）搭建起石家庄市"政银保企"企业用工服务体系。石家庄市人社局提供政策指导，依托冀联用工平台，分析用工缺口，帮助新业态劳动者实现精准就业、及时就业；建设银行为新业态劳动者提供工资发放和信用贷款服务；中国人保为新业态劳动者提供职业伤害保障保险服务。四方联合共同为新业态劳动者打造包括人社政策扶持、金融支持以及劳动者商业保险等在内的多层次、全方位的服务体系。

目前该模式运行平稳，会员发展迅速，切实解决了新业态从业者入会难、会籍管理难、劳动关系说不清、职业伤害无保障等现实问题，得到了使用者的一致好评。

第六章

冀联模式：如何运用数字化用工服务平台促进农民工高质量就业

　　"更充分更高质量就业，是全面小康的坚强基石，是实现全体人民共同富裕的重要基础。"（郭启民，2021）冀联作为以信息化、智能化为主要特征的人力资源服务机构，在党建引领下坚持用信息赋能服务，以先进的管理理念、规范化服务机制、智能化服务系统和信息化服务平台，整合了政府、企业、社会组织、职业院校等多方力量，将各类企业与农民工链接起来，有效弥合了企业用工和农民工就业的鸿沟，搭建起覆盖农民工整个就业环节的服务框架，形成了工业4.0时代促进农民工高质量就业的"冀联模式"。

第一节　理念创新：打破传统思维模式，适应时代就业形势

一、以数字化理念打造新模式

　　人力资源服务业是指为企业提供人力资源各项外包服务，以提升企业经营效能，促进企业转型升级的生产性服务业（白澎，2004）。传统的人力资源服务模式主要包含劳务派遣、职业介绍等方面，依托线下的人力资源服务机构为各类企业提供劳务派遣服务，为传统的廉价劳动力用工模式提供了支持。随着中国经济社会快速发展和工业4.0时代的到来，廉价劳动力用工模式逐渐被淘汰。各类新业态的兴起使农民工就业呈现出灵活性特点，传统的人力资源服务模式已不能适应企业用工的新形势，加之疫情给企业用工和农民工就业带来了较大困难，导致缺少有效的途径和桥梁将企业和灵活就业的农民工进行链接。冀联看

到了廉价劳动力用工模式、当前经济发展模式与农民工就业形势的矛盾，针对企业用工和农民工就业困难，以数字化理念建立起人力资源服务平台和各类智能化系统，为企业用工提供了数字化的平台，推动了企业管理模式的不断创新。同时，冀联也为农民工灵活就业提供了开放的信息化平台，解决了农民工就业信息获取困难的难题，将企业与农民工联接起来，打通了农民工就业的路径，帮助农民工实现高质量就业。冀联适应了时代发展对就业提出的新要求，通过数字化理念打造了人力资源服务的信息化、智能化模式，满足了当前劳动密集型企业对人力资源管理日益增长的需求，推动农民工更加精准、更加有保障和更加高质量地就业。

二、以长远性思维谋求新路径

企业以追求利润为第一目标，为此一些企业往往忽视自身社会责任，盲目地追求利润最大化，忽视了自身要实现长期良性发展而必须承担的社会责任。冀联作为民营企业，没有片面地追求利润最大化和忽视社会责任，而是以长远性思维谋求发展。作为人力资源服务企业，冀联将关注点放到了庞大的农民工群体就业这一焦点问题上，看到了当前企业用工的诸多不合理情况以及农民工就业困境，积极承担起自身的社会责任，紧跟中央的就业政策，适应疫情背景下的就业形势，为解决农民工就业问题贡献了数字化、智能化的解决方案，引起了政府和社会对于实现农民工高质量就业的广泛关注，形成了自身较强的影响力，成功吸引了更多的人力资源服务机构和各类就业协会对农民工高质量就业问题的关注，有力推动形成农民工高质量就业的"合力"。冀联的长远性思维，不仅推动了农民工高质量就业，也为自身长远的可持续发展奠定了基础。

三、以超前性视野引入新技术

工业 4.0 时代，高新技术产业方兴未艾，各类高新技术的发展冲击着传统产业，促使产业结构不断优化升级。人力资源管理服务行业作为众多行业的一种，若没有超前性视野，不能掌握和使用高新技术，就必将被淹没在信息的洪流中。科学技术作为第一生产力，能够为企业的各类服务赋能，促使企业的服务更加精细化。冀联在解决农民工就业和企业用工困难问题的过程中，坚持以信息赋能各类平台的建设，以超前性视野不断引入各类前沿的新技术。在人才引入方面，冀联积极引进全国各大高校和科研院所的高层次技术人才，为技术的引入、使用和开发不断提供有生力量，持续增加员工数量，提高人均贡献率；在技术引入方面，积极引入和运用各类前沿技术，通过互联网、云计算、大数据、人工智能、区块链、ERP管理等技术的开发与应用，不断优化各类信息化产品的功能和作用；在技术创新方面，不被现有技术的条条框框所限制，因地制宜地进行技术创新，设计出符合自身需求的专业技术。

目前，冀联已取得如"用于计算机的图形用户界面""任务信息处理方法与装置"之类的40余项专利和10余项计算机软件著作权，逐渐将集团打造成为数字化、集成化的人力资源服务产业航母，成为以信息化为特点的人力资源服务机构中的佼佼者，在推动农民工实现高质量就业方面展现出了雄厚的技术实力。

四、以生态型战略赋能新发展

冀联成立之初就将农民工作为服务对象，把为农民工创造更多的就业机会和更好的权益保障作为服务标准。"权益"之"权"，是劳动者地位的体现，"权益"之"益"，是劳动者价值、收益的体现。冀联以"服务农民工稳定就业、维护劳资关系和谐"为宗旨，在服务的过程中，为了打通政府就业政策直达使用农民工的企业和农民工这一难题，为其建立了通路和工具。为了使这项工作能够更好地落实，冀联平台为农民工建立起了就业服务生态（图6-1），联合为农民工就业提供服务的各类机构，共同为农民工就业提供协同创新产品。使用农民工的企业，只要按照平台的要求和标准、规则进行农民工的使用，就不仅能让企业享受到政府给予企业用工的各类优惠政策，还能实现企业用工合规化、数字化。

冀联以数字化理念、长远性思维、超前性视野和生态型战略打破了旧的人力资源服务的传统思维模式，实现了理念的创新，适应了工业4.0时代和疫情时期的就业形势，成功将企业和农民工连接了起来，为农民工高质量就业提供了有效平台和路径。

专注政策研究与制定

政府（政策）

工信局　工会　税务局　人社局　残联　民政　应急厅……

政策落地的道路和工具

劳动者（就业）

专注农民工

就业机会与权益保障

冀联平台

（冀联用工云）

数字化组织制度建设与落地实施方案

企业（用工）（管理）

专注制度引领

就业服务生态

银行（金融）　保险公司　CA证书……

各类服务机构

专注产品／服务创新与研究

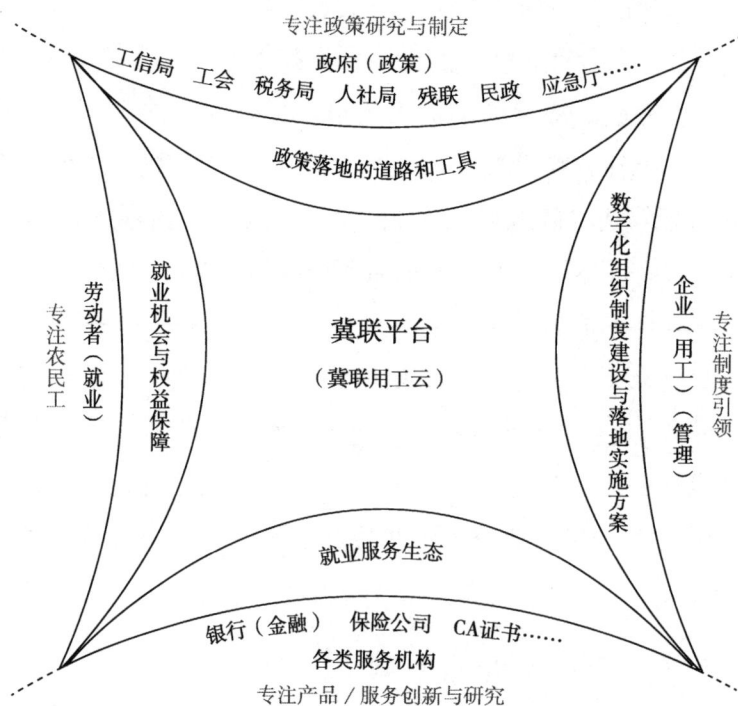

图 6-1　冀联平台服务生态

第二节　机制保障：量化精准匹配，打造农民工数字化"后盾"

一、建立计量工资制

工资是农民工就业的直接动力。工资制是否合理，是农民工实现高质量就业的基本条件之一。冀联采用独创的劳动力分类调度法，通过信息化用工平台和就业平台将不同类型的劳动力匹配给拥有不同需求、不同劳动量的企业，并以任务量的多少、完成质量来精准计算薪酬，建立起计量工资制。计量工资制在我国的许多企业广泛存在，不仅为农民工就业提供了科学的工资制保障，而且提高了企业的资金使用效率，节省了企业的用工成本。传统的计量工资制依托人力来进行评估和量化，为农民工计算工资，费时费力，且有时候会出现计算错误，引起劳务纠纷。冀联建立的计量工资制不同于传统的计量工资制，它是依托数字化、智能化平台，通过对农民工工作数量和工作质量的评估来综合、精准计算农民工工资，具有极高的准确度和科学性。

案例1：石家庄路德安汽车租赁有限公司总经理在谈到冀联的产品时说道："冀联有个好处，它有薪资结算模块。不仅实现了按任务完成质量动态调整薪酬，使农民工薪酬能多能少，还可以选择日结或月结，解决了企业之前最头疼的问题。"

案例2：石家庄爱迪尔电器有限公司人力资源经理在谈及冀联的产品时说道："原来没有这个平台的时候，订单量与雇工量往往错配，突然来订单了，却很难招到工人；如果长期雇工，又很可能没有足够的订单。现在好了，在冀联平台上，可以实现订单量与用工量的快速匹配。"

可见，冀联的数字化平台能够通过智能匹配，实现劳动力的分类调度，同时根据任务完成的数量和质量精准计算薪酬，实现农村劳动力和企业任务的量化精准匹配，确保整个过程科学、透明，使农民工能够领取应得的酬劳，提升了劳动积极性，也使企业能够集约化利用资金，最大限度降低用工成本。

二、建立计量权益保障制

当前，企业缺乏与农民工配套的用工管理制度，加之农民工群体基数较大，又缺乏基本的权利意识，使得农民工就业的权益保障极其困难，造成企业用工不合规现象大量存在。冀联在确保农民工工资发放程序科学透明的同时，进一步加强了对农民工各类权益的保障。通过智能化平台，将各类农民工权益以及各类用人单位进行细化分类和精准匹配，同时结合农民工群体的特殊性及就业特点，联合中国人保推出了用工云职业伤害保障保险，涵盖死亡、伤残、误工、医疗等十余项保险责任，保障全面而细致，实现了线上标准化操作、免核保，销售、承保、服务、理赔流程更简便，按月或工期投保，避免人员离职、替换率高带来的多交保费或替换批改，期限灵活，为农民工提供定制化的职业保障，建立起了先进的计量权益保障机制。

案例3：W，冀联成员，在被问及计量权益保障制时说道："假如一个农民工上午送外卖，下午送快递，晚上当代驾，一天给3个单位打工，这个时候农民工的就业权益怎么保障？保障主体又是谁？冀联数字化平台能够帮助企业建立数字化用工制度，再用新技术来解决该问题，因为3家单位都在同一平台上，那么就由平台代表农民工跟企业交流，按照不同的工作贡献度和责任划分进行量化计算和责任分配，来最大限度保障农民工的利益。"

案例4：C，河北一家药业公司包装机工人。C在工作期间调试机械时手指受伤，被当即送至医院诊治。事后，药业公司按照冀联数字化平台提供的标准流程给C申报了职业伤害保障保险，审批顺利通过，一周后C便获得理赔金4 000多元，其中包含医药费和其他费用。

可见，冀联建立的量化权益保障机制，通过数字化平台实现了农民工权益的精准保障，为劳动纠纷提供了的标准化、程序化的柔性解决方案，有利于进一步保障农民工权益，提高农民工就业质量。

计量工资制和计量权益保障制是实现按劳取酬、权责对等的有效机制。由于平台经济等新业态用工的快速发展和新业态劳动的发展，多种新型劳动关系出现，单纯的计件工资和计时工资不再能完全覆盖灵活多样的新型劳动关系，以单一传统劳动关系为基础的劳动者权益保障方案也需要调整。

冀联以"数字化用工云平台"为支撑，为企业提供"互联网＋任务量"的成熟管理模式，不仅为企业按照"任务量"精准匹配劳动者，而且按"任务量"完成情况为劳动者发放"计量工资"，并且同时将"任务量"作为规定劳资双方权利义务、保障劳动者权益的计量依据。冀联管理平台以新业态劳动者在各个企业和平台的"任务量"为依据，划分不同用工主体的责任，劳动者在不同平台、不同用工单位进行劳动时，不同阶段的用工主体会按照劳动者在各个平台的"任务量"承担相应责任，共同汇聚到个体劳动者的定制化保障体系中，既保证了劳动者应保尽保，也避免了用工主体承担非必要责任，由此解决了新业态劳动者在薪酬计算和权益保障方面不规范的难题。

三、建立劳动行为云档案

电子档案通过应用计算机系统完成档案的管理工作，能够提高工作效率和档案的安全性，有效降低其泄露的风险，具有高效、快捷、方便等诸多特点，能够给劳动保障工作带来很大的便利（张芬鹤，2021）。搭建以个人素质和技能证书为基础资料，对培训合格后的农民工进行证书信息管理，录入培训合格的农民工信息、登记培训情况，通过数据采集，为农民工建立云证书，以不断形成的职业信用为数据的档案体系，使农民工第一次有了自己的职业档案；并通过互联网大数据分析，建立电子档案，形成农民工的个人职业画像，让具有技能专长的人更为快速准确地找到合适的工作；从社会层面上看，互联网平台实现了劳动者的职业留痕和信息连续，建立起一套职业档案和信用档案，既便于企业识人用人，又促进劳动者培育职业品德；企业的信用、文化、制度及所支付的薪酬面向劳动者公开、透明，双方关系平等、和谐。

案例5：L农民工曾通过冀联用工云平台在A企业找到工作，后来发生了劳动纠纷，A企业认为L缺少相应的赔偿程序所需材料，以此为理由拒绝赔偿。无奈之下，L向冀联集团发起调用劳动过程的电子记录档案相关材料的申请，通过电子档案，L最终得到了相应的赔偿。

可见，通过这一技术，将劳动行为信息化，建立统一的云档案，实现用工的信息化管理，也为农民工更好地处理劳动争议提供相应的技术保障。

第三节　搭建平台：线上线下联动，全方位"定制"农民工就业服务

一、搭建"农村劳动力转移就业公共服务平台"

如前文所述，冀联农村劳动力转移就业公共服务平台主要为广大农民工就业提供相应服务，同时提升企业的用工质量和效率，推动生产制造业与农村劳动力用工关系的协调。一方面，该平台通过数字化理念打造多层次的农民工就业服务云平台，其主要包含农村劳动力招聘、人力资源和云档案服务、党建以及政策法规几大主要栏目（图6-2），可以为农村劳动力提供就业信息和招聘服务，为企业提供人力资源服务，对外介绍产品及宣传就业政策和法规等，可实现企业、个人以及CRM的登录，属于宏观层面的对外介绍和宣传平台。而该平台的主要功能和作用则体现在其为第三方定制开发的"公共就业云平台，"它是"农村劳动力转移就业公共服务平台"在地方定制后的体现。图6-3是河北省石家庄市新华区的"冀联公共就业云平台"主页。该平台主要包括"职业导航""信息超市""技能加油站""权益管家"四大栏目，基本涵盖了就业信息获取、实现就业、技能培训提升、权益保护几大农民工就业的基本环节内容。各类合作企业可以在该平台按职位、按项目、按需求发布不同种类的用工信息（图6-4），再由该平台审核后发出。农民工也可在该平台实现职位需求的分类检索。农民工进行职位申请后，该平台会立即对相应的企业进行匹配和对接，同时进入相应的信息完善和就业保障

环节。在就业保障环节，农民工能够看到企业和平台提供的各类保障明细以及自身需要缴纳的相应保险额度明细，以此来进行进一步的判断和选择。

图 6-2　"农村劳动力转移就业公共服务平台"主页

图 6-3　石家庄新华区"冀联公共就业云平台"主页

图 6-4　"冀联公共就业云平台"招聘信息区

　　另一方面，"农村劳动力转移就业公共服务平台"实现了多端同步，且移动端具有比 PC 端更加便捷的操作和更加丰富的功能，农民工只需要通过关注公众号，登录和认证后，就能享受全部的服务。图 6-5 是移动端的功能界面，可见，相较于 PC 端，移动端增加了求职登记、新业态工会、附近任务以及抢任务等功能，意味着农民工只要登记了相应的短期任务或长期职业，该平台就会立即为其匹配相应的岗位供其选择。同时，农民工也可以根据自身需求和实际情况使用地图来定位附近工作、抢任务或自主选择其他工作，也可就相关就业问题和法律问题进行咨询。此外，农民工的保障程序也与 PC 端同步，且整个就业过程都会自动转化为数字档案存储在该平台，以为更好地解决劳动纠纷提供相应的证据。

图 6-5　"农村劳动力转移就业公共服务平台"移动端功能界面

　　"农村劳动力转移就业公共服务平台"通过数字化、智能化手段，根据地方实际为农民工提供定制化的就业服务，完成了农村劳动力和企业任务的量化精准匹配，优化了农民工、人才、资本、技术、管理等要素的科学配置，在提升企业用工效率的同时推动了农民工高质量就业。

二、搭建"冀联企业用工云系统"

　　如前文所述，冀联企业用工云系统是冀联用工管理系统的核心，是面向企业的信息化、智能化用工管理系统，实现了企业"制度引领＋数字化＋价值型"的高质量用工管理模式。该系统的 PC 端主要面向企业提供信息化、智能化的管理和用工服务。如图 6-6 所示，该系统的网站主页包括"我要招聘""企业服务""用工云资讯"等几大主要栏目，提供了企业和个人的登录入口。同时，农民工也可在其首页查看相应的就业信息并扫码在移动端进行相关职业的申请。该系统的移动端（图 6-7）既面向企业，也面向广大农民工群体，农民工只需要在"冀联用工"微信公众号注册登录便可享受全部就业服务。

图 6-6　"冀联企业用工云系统"主页

当前，该系统实现了多端合一，内容一键发布多端同步，为各类企业提供了一套科学化、智能化、信息化的高效用工和管理方案。首先，在企业用工和管理方面，该平台能够实现企业用工需求的在线实时发布和管理，以及工资、订单、发票、保险等的在线管理。同时，该系统支持建立人才数据库，并提供基于大数据的就业数据统计及用工形势分析。此外，该系统为资金困难的企业提供了"用工云贷"入口，帮助企业走出困境。

其次，在农民工就业和保障方面，该系统通过移动端平台实时向农民工推送各类就业信息，实现企业用工需求和农民工就业的精准匹配。同时，该系统能够提供可靠的在线专属劳动合同签订以及工资在线结算等业务。"云体检"服务也

图 6-7 "冀联企业用工云系统"移动端功能界面

为企业和农民工提供了极大便利。该服务通过信息化手段链接相关医疗机构，农民工只需要按照引导回答相应问题就可实现对当前自身健康状况的初步判断，减少了烦琐的体检环节。而对于灵活就业的农民工，该系统通过特殊的算法将责任主体精准划分，明确企业和农民工的关系，使其"公开、透明、可追溯"。

此外，冀联联合中国人保推出了"职业伤害保障保险"，支持按月投保、按日投保等适应农民工的线上灵活投保方式，操作流程简单，理赔速度快，为企业和农民工解决争端提供了高效、稳妥的解决方案。

案例6：W，40岁，通过冀联用工云平台找到了工作，该平台通过匹配岗位职责和劳动者技能，精准地在W和用人单位之间搭起一座桥。不仅如此，W辛勤工作的"职场表现"被用工云平台的信用评价功能完整记录下来，成为他电子档案中的亮眼成绩单，又通过用工云平台为他带来更多机会。如今，W已成为某公司的大区主管。

可见，"冀联企业用工云系统"为企业管理和用工提供了一套智能化的解决方案，也为农民工就业的各个环节"保驾护航"，有利于推动农民工实现高质量就业。

三、搭建线上线下"区域直通式就业服务市场"

区域就业市场是以大数据为核心，通过应用互联网、云计算等技术，并结合冀联独创的"冀联用工云"数字化用工管理系统，搭建线上灵活就业云平台和线下实体市场相结合的直通式就业服务市场。服务对象是政府就业服务部门、院校、村委会、劳务品牌联盟、灵活就业群体、用工企业、第三方运营机构和技能培训机构等。市场通过主动为灵活用工群体提供他们关心的就业岗位信息、劳动报酬结算、技能培训、职业伤害保障、职业档案建立与信用工作证使用（灵活就业人员"云档案"）、撮合服务、劳动争议预调解、党员活动组织、新业态工会会员入会、就业资讯等服务，实现信息的主动采集、人岗的动态匹配和灵活就业市场晴雨表反馈等功能，从而获取灵活就业人员和岗位变化动态数据，为灵活就业人员提供个性化服务，逐步形成无死角、立体化、全覆盖的灵活就业服务体系。

市场设计了"公益服务""多方参与""创新赋能""和谐就业""协同发展"五大功能，具体包括：一是公益服务功能。规划建设全市灵活就业一站式公共服务场所设施，搭建统一服务平台，全面整合提升石家庄市灵活就业市场的服务能力。二是多方参与功能。把社区（村委会）这一基层管理组织引入就业市场服务体系建设当中，从源头上摸清就业人员底数、企业用工的实际状况，精准掌握就业人员和用工企业的诉求，探索建立数字化环境下基层就业服务的新模式。三是创新赋能功能。建设灵活就业人员"云档案"大数据，将高、低技能劳动力创造的价值公示出来，引导灵活就业群体充分认识到只有不断提高自身素质技能，才能实现稳定就业和增收的道理，从而促进灵活就业群体高质量就业。同时，平台大数据也能赋能劳务品牌的培育工作。四是和谐就业功能。通过政府主导、市场化专业服务等方式，着力打造专业的灵活就业市场，为构建和谐的石家庄市灵活用工就业环境创造良好基础条件。五是协同发展功能。发挥市场在资源配置中的决定性作用，引进冀联成熟的"政银保企"就业服务模式。实现畅通政府部门、未就业零工、使用零工企业与个人的沟通渠道，形成信息共享、优势互补、高效对接、多方共赢的局面，增强石家庄市灵活就业市场创新能力，推进灵活就业服务领域的管理创新、保障方式创新、技术创新、服务创新。

政府部门：人社部门可以利用平台动态掌握灵活就业的变化情况和市场的需

求情况，为政府部门制定更加精准的就业政策提供数据支撑；及时解决市场所遇到的问题，主动有序地管理灵活就业市场；有效解决就业政策落地通路和工具问题，让每一个劳动者和用工企业都能及时了解政府的就业政策、保企业稳就业政策和就业导向，解决就业优惠政策落地的"最后一公里"问题；精准掌握灵活就业人员和企业用工情况的底数，便于制定针对性的就业方向引导、技能培训支持和减轻企业负担方面的支持政策；为失业预警和监管提供数据支撑。

村庄：充分发挥村委会基层管理作用，探索数字化基层就业服务模式，通过建设智慧村庄就业工作站，有效解决农民工、村镇待业、新迁入、返乡等人员的就地就近就业、精准就业的难题。

驻石高校：充分发挥高校就业工作站服务作用，为高校毕业生送政策、送培训、送服务、送岗位，助力高校毕业生实现高质量就业。

劳务品牌：由县（市、区）人社部门和基于大数据确定重点扶持和潜在扶持的劳务品牌；成立劳务品牌联盟，协助解决劳务人员的工资拖欠、职业伤害无保障等问题，让各类优惠就业政策惠及基层劳务人员。

用工企业：解决企业灵活用工人员招募渠道不畅、需求对接困难、双方合法权益难保障等难题；通过平台大数据的赋能，为企业对新进劳动力进行精准评估，实现更高效地调配现有人力资源；引导企业通过使用云平台提供的数字化用工管理服务来实现用工数字化转型，同时又能实现企业用工合规，提高管理效率，员工技能持续提升。

灵活就业人员：为灵活就业人员畅通就业通道，就业更简单，充分享受各类优惠就业政策，实现工资零拖欠，职业伤害有保障等；为灵活就业人员提供可信、可靠的个人云档案数据服务，将促进踏实肯干、开拓创新者脱颖而出，不再与碌碌无为者共享同质化的低待遇。

（1）区域灵活就业市场云平台主要内容。通过互联网平台和大数据技术，区域灵活就业云平台（图6-8）包括就业人员"云档案"大数据系统、市属县域就业云平台（图6-9）、村庄就业云平台和劳务品牌用工云平台。从用户主体角度设计了多个功能模块，通过PC端和手机端进行展示。其中PC端包括市就业服务中心后台管理系统、院校、村委会、劳务品牌联盟、用工企业、第三方运营机构和培训机构的后台管理系统，手机端包括灵活就业、用工企业及个人小程序。

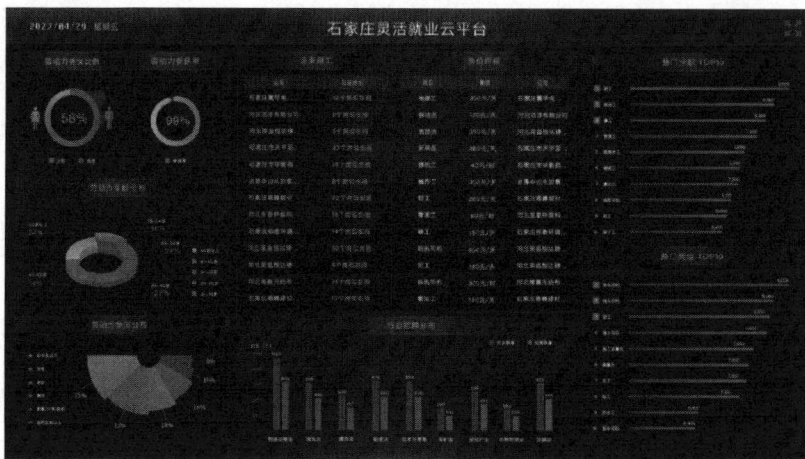

图 6-8　案例——石家庄灵活就业市场云平台2.0

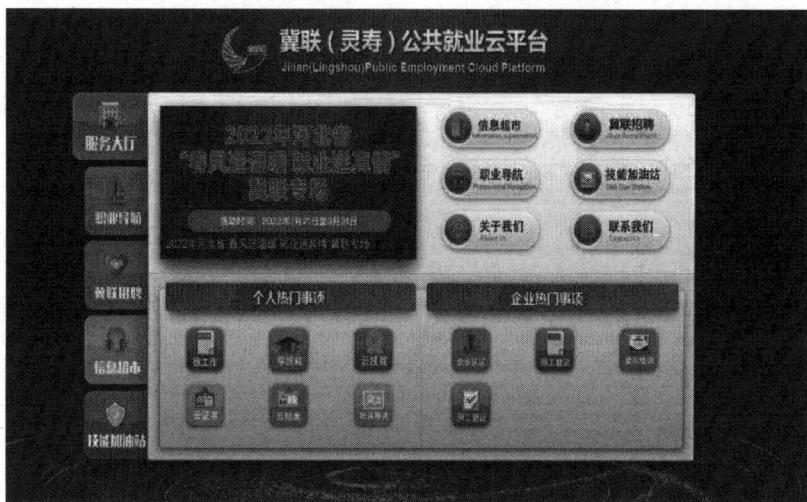

图 6-9　案例——县域就业云平台2.0

（2）线下灵活就业市场主要内容。①市级灵活就业服务市场（枢纽）。就业市场大厅规划面积 2 000 平方米左右，分为公共服务窗口区、服务办公区、候工区、业务洽谈及争议调解区、直播带岗区、多功能会议区，配置 4 台便民终端，2 套智能化液晶显示屏，为灵活就业人员提供职业档案建立、求职信息发布、现场招聘、等候用工、技能培训、撮合服务、劳动维权、劳动争议预调解、法律咨询、党员活动组织、新业态工会会员入会及服务、就业资讯等服务。

②县域灵活就业分市场（节点）。充分发挥各区县能量，按照共建共享原则，科学规划合理布局，建立分市场，功能布局与市服务中心一致，把服务触角延伸到园区、区县，方便就近服务企业和人才供需对接（图 6-10）。

图 6-10　案例——灵寿县县域就业市场实景图

③智慧村庄就业工作站（支点）。直接在村庄建设灵活就业工作站，村民安装村庄就业小程序（图 6-11），通过互联网和信息通信技术，将用工信息、培训信息、政府政策等通过大屏幕进行显示和宣传。服务站采用"三个一批"就业模式，即通过"冀联招聘、农村劳动力转移就业公共服务平台"提供的就业岗位和就业保障服务，使一批有能力外出就业的人员实现顺利就业；通过提供的就业保障服务和免费的技能培训机会，发挥社区和村委会自有物业优势，提供免费的创业就业场地，培育一批有一定创业愿望但缺乏技能和工作不能离家太远的人员实现低成本就近创业；通过数字化用工服务，把一批有就业诉求的低技能群体匹配到村办企业和自有物业的保安、保洁、秩序协调员等岗位，通过制定政策引领的兜底保障，使其实现安心就业。

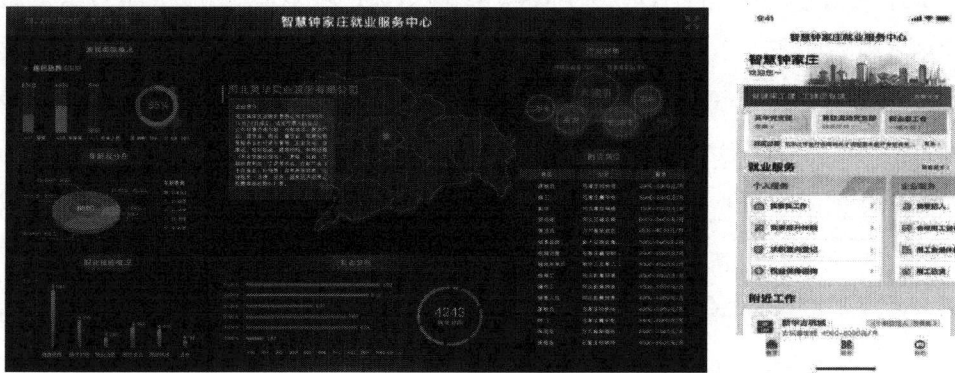

图 6-11　案例——智慧村庄 1.0

充分发挥灵活就业云平台作用，积极开展京津冀鲁苏劳务协作工作，广泛搜集、定期发布用工信息，形成劳务协作长效机制，扩大劳务输出规模；健全完善市内劳务协作机制，在信息交流、跨区招聘、跟踪服务等方面提供平台支撑，实行县际结对帮扶，引导推动更多脱贫县人口实现县市外就业，助力乡村振兴。

④高校就业工作站（支点）。向社会和企业大力宣传高校毕业生就业优惠政策，与主要院校合作建立大学生就业服务站。每个服务站配置 1 台智能化液晶显示屏，开发一个院校专属就业创业小程序，通过互联网和信息通信技术，将实习见习信息、招工信息、技能培训信息、创业信息、政府政策等通过液晶显示屏和小程序进行广泛宣传，让所有的高校毕业生都有机会及时知晓国家有关就业创业政策和就业导向。主要举措包括：一是送政策，将学费补偿代偿，为毕业生到基层就业提供创业补贴、担保贷款及贴息，支持毕业生自主创业，取消就业报到证，简化优化求职就业手续等政策通过院校专属小程序传到每一位高校毕业生手中，支持毕业生自主创业和灵活就业；二是送服务，大学生就业服务站不定时举行各类专项和网络招聘会，为毕业生提供充足岗位信息，优化招聘服务，加强就业指导，严格落实实名制管理，维护高校毕业生的就业权益；三是送培训，通过提供实习见习岗位所需的技能要求，为毕业生自我学习技能提供明确的方向，让毕业生认识到有技能就有岗位。

通过院校就业创业小程序主动采集信息、人岗的动态匹配和就业市场晴雨表反馈等功能，获取高校毕业生就业情况动态数据，及时掌握高校毕业生就业创业意愿和市场需求情况，预测就业动态；通过服务站和就业小程序为高校毕业生进行前置就业指导、权益保障和职业技能培训，并建立离校未就业毕业生和困难失业青年"一对一"帮扶机制，为有就业意愿的离校未就业高校毕业生每人免费提供 1 次职业指导、3 次岗位推荐、1 次职业培训或就业见习机会。

⑤劳务品牌用工服务站（支点）。直接与劳务品牌对接，建立劳务品牌用工服务站。按照"一县一品"的原则，在每个区县建设劳务品牌用工服务站，由县（市、区）人社部门和基于大数据确定重点扶持和潜在扶持的劳务品牌。为劳务品牌建设提供合规用工云平台，包括提供用工云人事服务系统以及农民工管理系统，减少劳动争议和纠纷的发生，助力企业数字化转型；依托就业云平台的大数据，对用工现状和变化趋势进行多层面、多维度的分析和统计，方便及时掌握劳务品牌用工市场需求情况；开展精准招聘对接服务，提供产业人才输出和技能培训；通过用工云平台，及时了解和享受到政府相关部门的劳务品牌建设扶持政策带来的好处。

第四节　健全体系：多方力量协作，形成农民工高质量就业"合力"

一、推动建立多元组织体系

如前文所述，冀联虽是民营人力资源服务企业，但其绝不盲目追求利润最大化，而是以长远思维承担起相应的社会责任，积极联合社会各界的力量来共同保障和促进农民工高质量就业及企业高效管理和高质量用工，推动建立了保障农民工高质量就业的多元组织体系。

一方面，冀联牵头成立了"新业态职工工会联合会"。该协会主要面向工业 4.0 时代、依托互联网平台就业的大量劳动者，希望通过将他们吸引并组织起来，为他们提供免费求职登记、技能培训、劳动争议调解、职业伤害保障、法律维权等服务，同时与各新业态用工单位协商，制定行业薪酬标准，签订工资集体合同，保障劳动者权益，更好地对其进行服务。为此，冀联集团开辟了多种入会方式，各类新业态的劳动者通过微信公众号即可线上入会。通过该组织，农民工、物流人员、护工、家政护理员等通过互联网平台获得就业机会的"新业态劳动者"开始走向组织化，而农民工作为当前"新业态劳动者"的重要部分，其就业在这个过程中也得到了保障，有利于企业和谐稳定发展和农民工工资收入的不断增加，实现双赢。

另一方面，冀联推动成立了诸如"河北省民营人力资源服务机构联盟""河北省青年创业促进会""石家庄市人力资源服务行业协会"等组织，不断通过自身影响力影响和团结其他服务力量，联合各大人力资源服务行业，逐渐树立起统一的理念和共同的目标，不仅有利于推动企业管理理念和管理方式的革新，实现产业结构的优化升级，而且有利于形成保障农民工高质量就业的"合力"，共促农民工高质量就业。

二、推动建立"政银保企"服务体系

冀联在团结各类人力资源服务机构和就业协会的同时，也注重联合政府、银行、保险等各方力量，建立健全"政银保企"的服务体系，协同推进和保障企业用工质量，促进农民工高质量就业。

"政银保企"服务体系是由政府、银行、保险公司和企业通力合作建构的一种服务体系。在分工方面，政府从全局进行宏观把控以及政策设计，为企业发展和农民工就业"掌舵"；银行则为各类企业提供信用贷款和金融服务，协助企业保障农民工就业待遇；而保险公司则为劳动者提供职业伤害保险，为企业保障农民工权益提供支持；企业在此特指作为人力资源服务机构的冀联，如前文所述，冀联以其掌握的信息化手段和各类就业数据为企业提供信息化的平台和智能化管理方式，同时以智能化手段和各类信息化平台最大限度地便利和保障农民工就业。

而在合作方面，政府能够依托冀联信息化平台提供的各类信息，共享当前的企业用工变化、工资发放等数据，同时获取企业的运行状况调查和评估报告，从而使政府部门能够根据共享数据，分析当前企业以及重点项目、重点领域的用工缺口，及时采取定向招聘、余缺调剂等方式，保障企业用工需求的同时推动包括农民工在内的各类劳动力的有效配置。银行、保险公司通过跟冀联合作，能够推出更能满足企业和农民工需求的保险服务和金融服务，如前文所述的"职业伤害保障保险"以及"用工贷"。

案例 7：石家庄市共有规上企业 5 000 家，GDP 总值占全市 GDP 的 90%，是全市经济社会发展的主要支撑。而新冠疫情的到来给这些企业带来了巨大影响。为解决短期用工难题，实现农民工长期稳定就业，支持规上企业尽快复苏，促进各类劳动者高质量就业，由石家庄市人社局牵头，与中国建行石家庄分行、中国人保石家庄分公司、冀联四方开展深入合作，签署了战略合作协议，建立"政银保企"战略合作机制。通过通力合作与配合，石家庄市的就业率极大提升，包括农民工在内的各类劳动者都能够找到满意的工作，石家庄市的规上企业生产逐渐复苏，用工难题逐渐得到解决。

可见，冀联通过用工云平台聚合政、银、保、企各方力量而搭建起的"政银保企"服务体系，能够为企业用工和农民工高质量就业构建起一个完整的服务生态系统，直接服务于包括农民工在内的各类微观劳动者、企业，最终助力于经济社会高质量发展。

三、建立和完善教育培训体系

职业培训不仅有利于弥补非农生产的人力资本不足，而且有利于提升农民工就业质量和实现充分就业（宋月萍、张涵爱，2015）。当前，我国农民工职业培训缺位，且培训质量较低，使农民工的素质与企业用工需求产生断裂，这成为阻碍农民工实现高质量就业的重要因素。冀联看到了这一因素对农民工实现高质量就业的阻碍，在推广线上线下平台、建立健全多元组织体系和"政银保企"服务体系的同时，注重对教育培训体系的完善，如推动成立了"河北产业人才培训学院"，作为这一体系的重要依托。

该学院于2017年10月获批办学许可证，同年12月中旬在民政厅完成登记，为高等职业教育机构，办学内容涵盖文化教育、职业培训、成考助学、自考助学等多个方面。该学院拥有较好的办学条件，学院建筑面积3 000平方米，配备可满足正常教学及日常办公需要的计算机、投影仪、打印机、传真机、复印机等基本教学设施设备若干。同时，师资力量雄厚，专职教师本科以上学历占95%，硕士研究生以上学历占55%。

该学院借助高素质技术技能人才需求动态监测分析数据、非公企业及行业转型升级情报系统，建立了面向河北省非公企业员工的多层次教育培训体系。在教学和实践方面，由校企合作企业等负责提供实践基地和实习上岗基地，专职教师拥有丰富的专业理论教学经验，还有来自其他企业的优秀高管、行业专家等进行授课及实践指导，最大限度地促进知识的传承。在不同群体的培训方面，如前文所述，针对中高层员工，学院主要帮助他们快速提升有实战价值的理论知识水平，提升学历和职称；针对包括广大农民工群体在内的基层员工，学院主要侧重在专业理论指导和实践操作水平方面，为他们的职位升迁、转职、技能鉴定等奠定理论和实践基础。

该学院的成立为农民工以及各类新业态从业人员提供了学习交流的平台，有利于提升各类劳动力尤其是农民工的就业素质和就业技能，推动农民工高质量就业以及产业结构的优化升级。

第五节　冀联模式分析与启示意义

一、在党的领导下保障工人权益，维护农民工利益

"党政军民学，东西南北中，党是领导一切的。"中国共产党的领导是中国特色社会主义最本质的特征，是中国特色社会主义制度的最大优势。因此，无论在任何领域，都应加强党的领导，充分发挥党的领导优势。冀联始终坚持在党的领导下切实保障工人权益，维护农民工利益，推动农民工实现高质量就业。

该集团于2016年成立了集团党委，始终坚持"做实了就是生产力、做强了就是竞争力、做细了就是凝聚力"的发展理念，严格落实"凡属重大决策、重要干部任免、重要项目安排和大额资金的使用必须经集体讨论，不准个人或少数人专断"的要求，坚持"集体领导、民主集中、个别酝酿、会议决定"的议事原则，推动了决策的科学化、民主化，确保了集团持续稳定健康发展。同时，在冀联集团党委和上级团组织的正确领导下，冀联团委紧贴广大团员青年的根本需求，立足服务企业、服务青年，大力建设安全、成长成才和施展才华三个阵地，不断深化青年文明工程、人才工程，夯实团的自身建设，带领广大团员青年积极响应党的号召，贯彻落实党的指示要求，成为党的后备力量。

此外，积极探索"党建带工建、工建促党建、党建工建团建联动"的工作机制，把党工团活动有机衔接起来，实现党建、工建、团建和集团业务的融合发展，切实履行工会"参与、维护、建设、教育"的职能，营造和谐的劳动氛围，保障职工尤其是农民工的合法权益。通过党建、团建、工建，冀联建立起党的领导下党、团、工共促农民工高质量就业、保障工人权益的格局。始终立足改善农民工就业条件、促进农民工高质量就业和企业管理技术革新等方面，不断进行创新和探索，逐渐形成了以信息化、智能化为核心标志和功能的"冀联模式"，推动了农民工高质量就业和企业管理技术的改善。冀联的成功实践表明，党建引领对于各方面都有极强的引导和激励作用，能够充分体现出制度、技术、组织等核心优势。因此，要充分发挥党建引领在农民工就业方面的作用，不断通过坚强的

党组织发挥出各类资源和力量的优势，共同推进农民工高质量就业。

二、坚持数字化创新，解决疫情背景下用工难题

受新冠疫情的影响，劳动力流动受阻，这对各大企业尤其是劳动力密集型企业来说是极大的挑战。同时，农民工由于没有固定的就业信息获取渠道和稳定的就业岗位，进一步放大了疫情对农民工高质量就业的影响。冀联通过数字化手段，创新搭建线上线下平台，为企业和农民工以及各类新业态工人搭建了一座桥梁。

从农民工角度来看，农民工不仅能够克服疫情带来的困难，通过冀联提供的就业云平台和线下就业市场实现灵活的择业和就业，而且能够享受到冀联信息化技术手段提供的整套就业保障，实现了更宽泛、更加高质量的就业，享受到更加全面、更加稳妥的就业保障；而从企业角度来看，冀联提供的线上线下用工管理平台不仅能够为企业提供各种类型的劳动力，最大化满足用工需求，克服疫情带来的"用工荒"，而且能够提高企业管理的效率，减少劳动纠纷，降低管理成本。

冀联的数字化创新，适应了疫情时期的特殊就业和用工需求，有利于推动社会生产的正常开展以及农民工的高质量就业。冀联的实践表明，信息技术和信息手段是弥合企业用工与农民工就业信息断裂的有效手段。坚持对就业平台、就业市场、就业渠道和就业服务的数字化创新，无论是在疫情时代还是后疫情时代，都能够有效推动农民工高质量就业，保障社会生产的正常秩序。

三、培训提升农民工素质，使其适应工业 4.0 时代要求

工业 4.0 是继机械化、自动化、信息化等工业革命之后，以智能化为典型特征的产业革命，工业 4.0 时代的商业模式、生产模式、经济范式都发生了重大变革（汪彬，2017）。工业 4.0 时代，是一个信息化、智能化的时代，也是一个电子与信息技术广泛用于生产生活的时代。工业 4.0 时代的到来为中国的企业和劳动力提出了产业信息化、智能化的新要求。一个企业如能充分利用信息技术的优势进行管理和生产，便能够在同类行业中胜出；农民工如能更好地掌握各类电子信息设备和技术的使用，便能够适应时代要求，取得竞争优势和更多的就业选择权。就农民工群体的实际情况来看，农民工群体的文化素质较低，且掌握的劳动技能单一，无法使用更高级的生产工具，这就使他们往往与企业的用工需求背道而驰，最终造成企业的用工荒和农民工的就业困难或低质量就业，形成农民工的就业鸿沟。

针对这一鸿沟，冀联模式通过数字化平台和线下的就业市场，使企业与农民工建立起相应的联系，为农民就业和企业选择各类劳动力提供了桥梁与纽带。一方面，冀联模式能够为企业提供人才的技能鉴定和测评服务，确保企业用工的精准性和精细化；另一方面，冀联模式将各类培训主体和机构进行有机整合和纳入，为农民工定制培训服务和培养计划，提供移动学习平台，建立"游学考察，对标学习"机制，依托"产业人才培训学院"等机构开展各类技能培训，增加农民工就业技能，为农民工实现高质量就业"牵线搭桥"。冀联实践表明，工业4.0时代，尤其要重视农民工的就业技能培训。要搭建各类平台，通过多种渠道为农民工提升就业技能，提升就业能力，以精准对标工业4.0时代的就业市场，从而实现农民工的高质量就业及企业的高质量用工。

四、积极与企业深度沟通，促进企业合规用工

民营企业的逐利性使之在创业之初就坚定了以追求利润和效率为目标的理念（罗亮梅，2010）。民营企业是以盈利为根本目的的经营主体，民营企业的逐利性往往会使"高收益，低成本"成为其制定经营策略时的主要导向。民营企业的用工成本在企业各类成本里面占比极高。因此，为最大限度压缩成本，民营企业往往会选择廉价劳动力，省略对劳动力提供的各类保障，以此来最大限度提升收益，加之农民工作为廉价劳动力的主要来源，自我保护意识、权利意识和维权意识都较弱，为民营企业的不合规用工提供了可乘之机。当前中国的中小规模企业和农民工基数极大，这给政府监管带来了难度，很多民营企业为了降低成本铤而走险，用工不合规现象层出不穷，农民工就业往往面临不合规的工资制度、高强度劳动压力和基本就业保障、劳动保险的欠缺。一旦发生纠纷，农民工的基本权益得不到保障，企业也会因为不合规用工而受到影响，对农民工就业和企业经营产生双重打击。

因此，推进民营企业合规用工是农民工实现高质量就业的重中之重。冀联在设计各类信息化管理系统、技术和用工云平台时，将合规合法用工以及农民工权益保障作为重中之重，制定了详细的标准与规范，将合法合规用工的流程以及劳动纠纷处理过程嵌入到各类信息化系统和云平台中，在合作时积极与各类企业进行深度沟通，提升他们用工的合法性和规范性，同时通过信息化手段实现就业和用工数据的政府端透明，提升政府主体对各类市场经营主体的监管效率，推动企业的用工程序符合国家标准规范，为农民工提供各类基本保障，实现高质量就业。

在企业用工不合规、农民工就业基本保障缺乏的今天，冀联的实践为破解当前的困局提供了有益思路，即通过高质量的信息化管理系统和云就业平台来消除各类企业用工之"弊"，在降低企业经营风险的同时为农民工提供基本的就业保障，实现农民工的高质量就业。

五、整合各方力量，为农民工提供高质量就业服务

农民工能否实现高质量就业，关系到我国当前的经济发展和社会稳定，也关系到更加平衡、更加充分的发展格局，更关系到共同富裕的最终实现。农民工高质量就业既是新时代"三农"工作高质量发展的现实逻辑，也是乡村振兴战略的内在要求（蔡瑞林、张国平、钱敏，2019）。推动农民工实现高质量就业，不仅仅是企业，更是政府和整个社会极为重要的任务。因此，要团结并整合各种力量，共同推动农民工实现高质量就业。冀联主动把握国家相关政策导向，积极与政府沟通交流，为国家制定更加精准的农村劳动力服务政策提供最新的信息化技术支持，获得政府推广。

同时，冀联推动建立了"河北省青年创业促进会""河北省民营人力资源服务机构联盟""石家庄市新业态职工工会联合会""河北产业人才培训学院"等机构和组织，整合了政府、社会组织、市场主体、职业院校等多方力量，打通了农民工就业的信息服务、技能培训、基本保障和纠纷处理等多个环节，为农民工实现高质量就业搭建起趋于完备的服务框架，全方位推动农民工高质量就业，同时实现企业高质量、精细化、可持续性用工。

冀联的实践表明，实现农民工高质量就业，必须时刻把握政策导向，同时整合政府、企业、社会组织、职业院校等多方力量，构建完整的服务框架，打通农民工就业的各个环节，方能疏通当前农民工高质量就业的"堵点"，推动农民工实现高质量就业。

六、帮助政府、企业、市场总结"中国企业和中国工人为什么行"

近年来，我国农民工就业困难、工资难讨等问题频频出现，工人离职的频率也越来越高，各大工厂尤其是劳动密集型企业的招工也越来越困难，外企却从来没有这样的现象出现，且进入外企的工人也很少离职，中国的工厂、企业却截然

相反，离职率高居不下的同时还面临用工困难。由于外企以及各类跨国公司实力雄厚，拥有着先进的管理技术和管理理念，同时对农民工以及工人提供各类优厚就业条件和保障，导致各类优秀工人离职跳槽，使国内的企业面临发展困境。

因此，与跨国公司相比，我国的企业和工人形象却截然不同。冀联模式通过先进的信息化管理手段和就业平台，将企业和农民工有效进行链接，不仅将先进的信息化管理手段和理念传递给各类企业，而且还为农民工提供了线上线下全方位的就业、培训、服务和保障平台，有力提升了企业的管理水平，推动了农民工的高质量就业，刷新了中国企业和中国工人的固有形象。这不仅是对工业4.0时代如何推动企业革新管理方式和农民工高质量就业的经验总结，更是对"中国企业和中国工人为什么行"的生动总结。目前，冀联模式服务农民工超100万，服务企业超3 000家，获得人力资源行业发明专利40余项、业务覆盖河北省、北京市、天津市、青海省、河南省、广西壮族自治区、山东省、重庆市、陕西省、江苏省等区域，生动诠释了"中国企业和中国工人为什么行"。

冀联模式是党建引领下人力资源服务模式的生动创新。该模式牢牢把握住了工业4.0时代的脉搏，通过引入先进的管理理念、建立规范化机制、设计智能化系统、搭建信息化平台以及整合政府、企业、社会组织、职业院校等多方力量，采用线上线下相结合的模式，构建起能够推动企业革新管理方式、实现农民工高质量就业的服务模式。建立了集就业信息服务、就业培训服务、就业保障服务等于一体的服务体系，成功地将各类企业和农民工链接起来，提升了企业和农民工应对各类复杂就业形势的能力，实现了农民工、政府、企业和人力资源服务机构的多方共赢。该模式最大限度保障了农民工在工资、劳动、安全及纠纷处理等各方面的权益，在就业信息、就业渠道、就业培训以及就业保障等多个面为农民工高质量就业保驾护航，不仅有利于提升企业生产、经营和管理的技术水平，推动社会生产力的发展，而且有利于改善农民工生活状况，提升农民工生活质量和幸福感，增强消费能力，推动社会经济的发展，从而为我国实现更加平衡、更加充分的发展贡献力量，促进共同富裕的实现。

第七章

共同富裕目标下实现农民工
高质量就业的政策建议

第一节　共同富裕目标下解决农民工
高质量就业难题的政策建议

一、以中国式现代化理解农民工高质量就业

中国的现代化进程中，目标之一就是要实现传统农业向工业化和数字化转型，农民工的产生就是中国特殊的工业化道路的体现。因此，农民工高质量就业作为农民工就业的新阶段，也要放到中国式现代化的视野当中去考虑。要把农民工高质量就业放到贯彻新发展理念、构建新发展格局的新发展阶段当中去理解。

习近平总书记在党的二十大报告中强调，要以中国式现代化全面推进中华民族伟大复兴。现代化的道路不是唯一的，不是非要农民进城才叫城市化，不是非要农民变工人才叫工业化，所以不需要把去城市定居作为农民工的最终归宿，把"稳定就业"作为农民工就业的唯一方向，把二元经济向一元经济转变作为现代化的样板。亦工亦农、亦城亦乡的农民工可以长期存在，三元经济也可以同时存在于一个人、一个家庭、一个群体身上。农民工虽然不见得非要"正规就业"、进入城市定居、变成"城市工人"，但也绝不能再等同于"廉价劳动力"，而是素质技能、收入水平、权益保障都得到提高的劳动者。无论何种就业形式，无论何种户籍身份，该有的保障必须有。

二、运用新技术和新模式解决农民工高质量就业难题

鼓励和支持运用数字化技术手段和数字化用工新模式，解决摩擦性失业率

高、劳动保障缺失等农民工传统就业难题和劳动关系界定难带来的新业态就业难题。数字化平台绝不是只能被资本用来作为规避用工责任、提高利润率的手段，新技术更应该被用来服务劳动者就业效率提升和收入权益得到保障。一方面，应该大力鼓励和支持线下市场和线上平台相结合，为企业用工和劳动者就业建立线上相关人力资源数据库，推进企业用工需求和劳动者求职就业需求精准高效匹配，减少摩擦性失业，减少劳动者找工作的时间成本和企业招工带来的额外成本；另一方面，鼓励数字化用工平台搭载合规的用工制度和劳动者权益保障体系，保障劳动者就业即签合同，有保护。

三、探索和建立具有制度和规则的统一大市场

规范和鼓励用工大平台建设，支持亦城亦乡、亦工亦农的农民工自由流动、灵活就业，支持多种就业形式的劳动者享有该有的保障、该分配的价值。新技术应用带来的平台劳动关系界定难问题还要应用新技术来解决。平台用工和平台劳动不能成为资本利用劳动关系界定难漏洞故意逃避雇主责任的工具，平台应该被改造成为实现共同富裕和农民工高质量就业的工具，鼓励将劳动关系所包含的权利义务，尤其是劳动者的合法权益，用技术手段进行实现，并进一步探索通过运用区块链技术建立共享账本、分账规则、激励机制等方式，来实现劳动关系中的权利义务清晰化、明确化。这样，即使一个劳动者对应多个雇主，那么也可以将劳动关系所包含的权利义务，尤其是雇主责任在承担主体和承担量上清晰透明地界定清楚，避免平台企业出现不保护劳动者权益的情况，也避免平台企业承担不必要的义务。

被社会各界普遍认可的平台企业的劳动力管理和使用规则还没有被探索出来，最终还是要探索出以保障劳动合法权益为根本、与平台用工模式相匹配、确保劳动关系所包含的权利义务能够得到实现的、规范的劳动力统一大市场。

四、加强线下劳动力市场建设，建构多方参与的农民工就业服务体系

建设规范的县域劳动力市场，加强对劳动者素质技能的培训，以此吸引资本和企业到本地落户，将产业设在农村、设在县城，为就地就近就业提供产业基础。积极发挥工会在组织农民工就业、协调劳资关系、维护农民工权益方面的作

用。鼓励和引导党政部门、银行部门、保险部门等共同构建包含政策扶持、金融支持、劳动者职业伤害保障保险等的农民工高质量就业保障服务体系，指导和督促企业依法合规用工，监督劳动者权益保障情况，避免企业规避用工责任，同时促进就业，加强失业预警，保持就业形势稳定。

第二节　共同富裕目标下推动农民工实现高质量就业的政策建议

一、把实现农民工高质量就业作为经济社会发展的重要任务，摆上应有位置

一方面，要实施就业为导向的经济发展方式，缩小工资增速与GDP增速之间的差距。另一方面，产业布局要考虑就业问题，创造就业机会，拓宽农民工就业渠道，稳定就业数量。为此，要构建统一大市场，通过优化产业结构创造出更多高质量的就业岗位，吸引农民工就业。要注重培育新动能，坚持创新驱动型增长模式，提高原始创新、自主创新在创新中的比重，促进国家和区域产业迈向全球价值链的中高端，培育出若干国家级和世界级的先进制造业集群，真正实现由要素驱动的经济增长转到由创新驱动的经济增长。同时，在经济转型升级、保持中高速迈向中高端的过程中，始终不忘把促进农民工就业作为经济社会发展的优先目标，不断完善更加积极的就业政策体系，实现扩大就业与经济社会发展的良性联动。在发展的过程中注重优化就业结构，不断提高农民工的工资收入水平和社会保障水平。

二、提高农民工就业能力，提升其就业质量

以适应经济结构、产业结构变化需求为导向，提升人力资源素质，提高农民工职业技能素质，实现农民工达到高技能、高素质、高工资、高保障的就业要求。

首先，要逐步提升农民工的就业能力，更加注重解决结构性就业矛盾。为此，要改革完善现有的教育培训体系，加快普及高中阶段教育。要构建更加高效开放的继续教育体系，实现继续教育与职业教育的融合发展，加强职业教育同普

通教育、继续教育之间的有机衔接。职业院校要落实学历教育与培训的社会职责，面向在校学生和农民工开展高质量的职业培训。要健全公共就业服务和终身职业技能培训制度，制订适合不同群体的终生培训计划，实现教育培训体系与劳动就业体系的紧密联系，提高培训的针对性和有效性。

其次，要加大人力资本投资，要重点完善针对农民工的职业教育，提高农民工的就业能力。特别是要结合人工智能与网络教育的特点和优势，创新教育模式和学习方式，逐步形成更加开放灵活的职业教育体系；大力发展人力资源服务业，依靠"互联网＋""大数据"等现代科技手段提高服务能力，为农民工提供就业信息和就业指导以及职业技能培训，满足农民工多样化的就业服务需求。

最后，围绕产业发展需要和农民工就业需求，提升培训的针对性、实效性，注重开展适合新生代农民工就业需要的技能培训，做好培训的跟踪服务。充分发挥企业在技能培训中的主体作用，鼓励企业深度参与政府培训项目，大力支持企业自主开展职业技能培训。加大公共实训基地建设支持力度，推动产教融合，普及"互联网＋"等新型培训模式，提升培训的精准性和有效性。整合各类培训资金和项目，解决资金渠道和使用管理分散问题。合理扩大资金适用范围，加大审计信息互通、成果共用力度，推行审计成果共用互认，不断提高培训资金绩效。

三、发展县域经济，培育劳动密集型产业，促进农民工就地就近就业

在新发展格局的背景下，城市间的联系日趋紧密，人口、资金、技术等发展关键要素加速向超大城市和城市群聚集，中小城市发展面临更多不确定因素。农民工和城镇化两个问题高度一致，本质是解决城乡二元差距，根本是靠城乡融合发展实现高质量城镇化。中小城市需要明确历史阶段的新要求，推动县域创新驱动发展，更好地实现自身提升和转型，激发县域活力，促进农民工就业。要立足发展实际，加快完善农民工就业政策体系，明确将重心突出放在促进县域城乡融合发展上，促进实现就地就近就业，保障农民工群体实现充分高质量就业。

中小城市不应盲目扩张，追逐"面子工程"，或不顾发展环境的变化一味"埋头苦干"，而是应充分遵循中小城市发展的内在规律，做深做精适合该中小城市的产业类型，培育壮大创新型企业，集聚创新创业人才，掀起多层次、多元化

的县域创新创业新热潮。中小城市在全面突出自身特色、打造发展新引擎和培育发展新动能的同时，加强和周边城市的合作，显著改善县域创新驱动发展环境，建立适应县域创新驱动发展的组织领导体制和工作推进体系，从而实现经济高质量发展以及县域经济社会协调发展。要完善县域农业转移人口市民化人钱挂钩、人地挂钩机制，合理配置县域公共资源，推进县乡村公共基础设施和公共服务一体化。

四、以技术创新促农民工就业提升

数字经济是实现技术创新的重要路径。为实现共同富裕目标下的农民工高质量就业，要以技术创新提升劳动管理数字化水平，扩大农民工就业相关决策参与权。首先，要以数字经济发展为契机，持续推动就业结构优化升级。当前，数字经济发展加速了数字产业化和产业数字化转型，同时也带动了就业结构优化升级。数字经济发展催生的新产业、新业态和新商业模式更多集中在第三产业领域，应进一步加大服务业就业优先政策的实施力度，制定一系列减税降费、创业补贴、担保贷款等惠企纾困政策，切实扩大服务业对农民工就业的吸纳能力。在推动就业结构优化过程中，应降低传统产业就业者的退出和转换壁垒，提高农民工再就业能力，最大程度防范结构性失业风险对农民工的冲击，使其适应技能转型和环境变化。数字经济发展衍生了众多灵活多样的新就业形态，当前，公共就业服务和社会保障体系还不完善，政策性补贴覆盖不足，需要积极探索建立与其相对应的就业服务保障体系，研究平台企业参保责任，鼓励新就业形态从业者积极参保，强化劳动保护，以完善新就业形态的公共就业服务和保障体系，实现农民工更高质量就业。

其次，要注重区域间和城乡间数字经济的平衡发展，缩小区域间和城乡间就业质量差异。当下各区域间和城乡间数字经济发展不平衡，尤其是中西部地区和农村地区要加强数字经济基础设施建设，推进数字技术在多领域深度应用，不断壮大中西部和农村地区的数字经济规模，缩小与东部地区和城市间的发展差距。同时，应在中西部地区和农村地区积极制定数字人才战略，大力推进"互联网＋职业技能培训计划"，并对就业质量定期评估、动态监测，对于就业质量较低省和偏远落后农村，要找到症结并及时修正，进一步缩小各区域和城乡间的就业质量差异。

五、提升对农民工的就业保障

为实现共同富裕目标下的农民工高质量就业，要以城乡一体化为导向，逐步提高和改善农民工医疗、养老、工伤等社保权益和教育、住房福利条件，进一步开放户籍限制，维护平等就业权益。要开发公益性为主、商业性补充的多元化保障条件，如农民工保险。

首先，要解决农民工就业质量与城镇户籍劳动者的不平衡问题，须建立统一高效的劳动力市场。在制度层面，继续深化户籍制度改革，破除妨碍劳动力流动的体制弊端，促进农民工在不同地区、不同产业、不同职业间的流动，保障妇女、残疾人以及农民工等全体农民工享有平等的劳动权利，使人人都有通过劳动实现自身发展的机会。构建和谐劳动关系，保障农民工合法权益：完善政府、工会、企业共同参与的三方协商协调机制，加大劳动保障监察执法力度，加强突出矛盾治理，建立规范有序、公正合理、互利共赢、和谐稳定的劳动关系，切实维护农民工基本权益。在经济层面，根据各地区人力资本禀赋、经济发展水平、社会发展环境等，实施特色化的区域就业和产业政策，促进区域就业质量均衡发展。在法律层面，应明确平等就业的劳动政策取向，禁止在招聘和设定薪资待遇时的性别歧视、户籍歧视，增加农民工的就业选择空间，保障农民工与城镇户籍劳动者在能力基本相当的前提下享有平等就业权。

其次，建设体现效率、促进公平的收入分配体系，提升农民工就业报酬水平。完善初次分配制度，增加农民工特别是一线农民工劳动报酬，提高劳动报酬在初次分配中的比重。健全再分配政策，完善以税收、社会保障、转移支付等为主要手段的再分配调节机制，落实直接税制度并逐步提高其比重。完善相关制度和政策，鼓励农民勤劳致富，保护合法收入，合理调节城乡、区域、不同群体间分配关系，逐步缩小收入分配差距。还要重视发挥第三次分配的作用，发展慈善等社会公益事业，帮助就业困难的农民家庭获得就业能力和就业岗位。

最后，完善创业服务政策体系，更好发挥创业带动就业的倍增效应。农民工，特别是返乡留乡农民工就业需要有充足的就业岗位供其选择。要从当地实际出发，进一步深化改革，消除限制创业的制度和体制性障碍，降低创业的准入门槛，鼓励农民工围绕本地特色资源开展创业活动。落实有利于农民工创业的税收优惠、小额担保贷款、资金补贴、场地安排等扶持政策，细化操作办法，尤其要拓宽创业投融资渠道，支持创业担保贷款、创业投资以及互联网金融等规范发展。加大创业培训工作力度，加快构建一批低成本、便利化、全要素、开放式的众创空间，建立面向人人的创业服务平台，采取有效措施，扶持、保护创业企业生存和发展，鼓励"双创"企业扩大就业规模。

六、保护农民工在农村的原有权利

由于进城农民在户籍上"农转非"等原因，部分农户丧失集体成员资格认定，导致其"农村户籍—集体成员权—土地承包权—土地经营权"的家庭承包逻辑关系链发生断裂，严重影响了其就业质量。为保证进城农民对土地丧失的担忧，并获得持续性的流转收益，缓解其在城镇生活的经济压力，提升城市生活质量，应保护其在农村的承包地、宅基地、集体产权等；不要赶农民进城，允许农民工"两头占"，让农民工外出就业和落户吃上定心丸。要构建进城农民灵活顺畅的土地退出与公平有序的土地承接机制。政府应当及时构建土地退出体制机制，明确土地承包经营权有偿退出的实施主体，规范土地承包经营权有偿退出主体资格认定，以及设立土地承包经营权有偿退出后的回收与再利用程序。政府部门需要根据地方实际，委托第三方评估机构制定当地土地退出价格指导标准，切实帮助进城农民完成土地承包经营权的有偿退出。结合进城农民的实际需求，建立进城农民土地退出与获得城市保障房的购房指标、积分落户的加分等待遇相挂钩的机制。

主要参考文献
REFERENCES

白澎，2004. 论我国人力资源服务业发展的现状和对策［J］. 煤炭经济研究（10）：67-68.

蔡瑞林，张国平，钱敏，2019. 新时代农民工高质量就业的自我感知评价体系研究［J］. 江苏大学学报
（社会科学版），21（5）：36-43，76.

郭启民，2021. 不断推进更充分更高质量就业［J］. 红旗文稿（9）：32-34.

刘永佶，2015. 中国政治经济学方法论［M］. 北京：中国社会科学出版社.

罗亮梅，2010. 经济伦理视角下民营企业竞争优势的探讨［J］. 中国商贸（28）：96-97.

马克思，1975. 资本论（第1卷）［M］. 北京：人民出版社.

宋月萍，张涵爱，2015. 应授人以何渔？——农民工职业培训与工资获得的实证分析［J］. 人口与经济
（1）：81-90.

汪彬，2017. 工业4.0时代的发展态势及企业的应对策略［J］. 现代管理科学（5）：112-114.

杨超，张征宇，2022. 流动人口与本地人口就业质量差异研究：现状、来源与成因［J］. 财经研究，48
（4）：19-33.

张芬鹤，2021. 电子档案管理在劳动保障工作中的应用［N］. 科学导报，01-26（B3）.

张顺，郭娟娟，2022. 就业质量对城镇居民失业率的影响［J］. 中国人口科学（1）：73-84，127-128.

中共中央宣传部，2021. 习近平新时代中国特色社会主义思想学习问答［M］. 北京：人民出版
社：450.